AF282965

Introducción a las energías renovables en el sector agrario. ENAE013PO

Miguel Ángel Maya Álvarez

ic editorial

Introducción a las energías renovables en el sector agrario. ENAE013PO
© Miguel Ángel Maya Álvarez

1ª Edición

© IC Editorial, 2025

Editado por: IC Editorial
c/ Cueva de Viera, 2, Local 3
Centro Negocios CADI
29200 Antequera (Málaga)
Teléfono: 952 70 60 04
Fax: 952 84 55 03
Correo electrónico: iceditorial@iceditorial.com
Internet: www.iceditorial.com

ISBN: 978-84-1184-983-8
Depósito Legal: MA 1162-2025

Impresión: PODiPrint
Impreso en Andalucía – España

Nota de la editorial: IC Editorial pertenece a Innovación y Cualificación S. L.

Especialidad formativa

Se entiende por especialidad formativa la agrupación de contenidos, competencias profesionales y especificaciones técnicas que responde a un conjunto de actividades de trabajo enmarcadas en una fase del proceso de producción y con funciones afines.

Las especialidades formativas de Uso General, Formación Complementaria, Formación Modular y las especialidades formativas dirigidas a la obtención de certificados de profesionalidad se incluyen en el Fichero de Especialidades del Servicio Público de Empleo Estatal para su gestión en todo el territorio nacional por cualquier Administración competente.

Las especialidades complementarias, pertenecen todas a la Familia profesional de Formación Complementaria (FCO) y tienen la consideración de formación transversal en áreas que se consideran prioritarias tanto en el marco de la Estrategia Europea para el Empleo y del Sistema Nacional de Empleo como en las directrices establecidas por la Unión Europea. Se consideran áreas prioritarias las relativas a tecnologías de la información y la comunicación, la prevención de riesgos laborales, la sensibilización en medio ambiente, la promoción de la igualdad, la orientación profesional y aquellas otras que se establezcan por la Administración competente.

Las especialidades de Certificado de profesionalidad tienen una duración especificada en su normativa reguladora.

En el resultado de la búsqueda, se muestran las unidades de competencia, todos los módulos formativos con su duración y las unidades formativas del certificado correspondiente, con su duración. Las horas del certificado, exclusivo de las especialidades de certificado de profesionalidad, con alta igual o superior a 2008, son las horas totales más las horas del módulo de Prácticas Profesionales no Laborales.

➲ **Si la especialidad tiene unidades formativas,** las horas totales, presencial, distancia, teleformación serán igual a la suma de esas horas de las unidades formativas de los distintos módulos, sin que se repita ninguna Unidad formativa.

➲ **Si la especialidad no tiene unidades formativas,** las horas totales, presencial, distancia, teleformación serán igual a las sumas de esas horas de los módulos formativos, eliminando las horas de los módulos repetidos.

https://sede.sepe.gob.es/especialidadesformativas/RXBuscadorEFRED/BusquedaEspecialidades.do

(Fuente: Servicio Público de Empleo Estatal)

Índice

Unidad de aprendizaje 4
Normativa aplicable

OBJETIVOS GENERALES

Los objetivos general del **ENAE013PO. Introducción a las energías renovables en el sector agrario,** son:

- ⮑ Exponer las diferentes fuentes de energías alternativas aplicables a las explotaciones agrarias, así como la normativa aplicable y las subvenciones y ayudas a las que pueden acceder este tipo de explotaciones.
- ⮑ Comprender la estructura y el funcionamiento del sistema energético actual.
- ⮑ Comprender los principios, las tecnologías y las aplicaciones de las principales fuentes de energía renovables en el sector agrario.
- ⮑ Comprender cómo las energías renovables pueden aplicarse para solucionar problemas específicos en el medio rural, impulsando la sostenibilidad en la agricultura y mejorando la eficiencia económica y ambiental.
- ⮑ Conocer la normativa aplicable en el ámbito energético y medioambiental, así como su impacto en el ámbito de las energías renovables en el sector agrario.

Sistema energético y energías renovables

Contenido

Objetivos

El objetivo general de esta Unidad de Aprendizaje es:

→ Comprender la estructura y el funcionamiento del sistema energético actual.

Los objetivos específicos de esta Unidad de Aprendizaje son:

→ Analizar la dependencia de los combustibles fósiles.

→ Explorar la diversificación energética y las energías renovables.

→ Identificar métodos de ahorro energético en el sector agrario.

→ Realizar un plan de ahorro energético.

1. Introducción

El sistema energético mundial se encuentra en un punto crítico, enfrentando desafíos como la creciente demanda energética, la volatilidad de los precios de los combustibles fósiles y el cambio climático. En este contexto, el estudio de las energías renovables y las estrategias de ahorro energético sostenible adquiere una importancia crucial, especialmente en sectores como el agrario, que tienen un impacto significativo en el medioambiente y la economía global. La transición hacia fuentes de energía más limpias y sostenibles no solo responde a la crisis ambiental, sino que también representa una oportunidad económica y un impulso para la innovación tecnológica.

El sistema energético tradicional, basado en recursos finitos como el petróleo, el carbón y el gas natural, ha contribuido al crecimiento económico, pero también a la degradación ambiental. En contraste, las energías renovables como la solar, la eólica, la hidroeléctrica, la biomasa y la geotérmica ofrecen soluciones sostenibles que pueden reducir significativamente las emisiones de carbono. En el sector agrícola, estas energías alternativas pueden transformar la producción y el procesamiento de alimentos, aumentando la eficiencia energética y reduciendo la huella de carbono.

La adopción de energías renovables y métodos de eficiencia energética requiere no solo comprensión técnica, sino también un cambio cultural y político. Promover el conocimiento sobre la importancia de las energías limpias puede facilitar su integración en diferentes industrias. Asimismo, implementar métodos efectivos de ahorro energético es fundamental para reducir el consumo excesivo y mejorar la eficiencia de los sistemas actuales, ofreciendo beneficios tanto ambientales como económicos.

La transición hacia energías renovables y la implementación de estrategias de ahorro energético son fundamentales para crear un sistema energético más resiliente, equitativo y sostenible.

Para conocer el sistema energético global, y cómo las energías renovables representan una oportunidad para replantear nuestra relación con el entorno, nos basaremos en el caso de Eliana, una agricultora que posee una explotación en la provincia de Cádiz con distintos tipos de cultivos al aire libre, invernaderos, así como almacenes y maquinaria para el tratamiento y el envasado de su producción. La dependencia que tiene de los combustibles fósiles, y del suministro de energía por parte de empresas eléctricas, es muy elevada.

2. Características del sistema energético actual

👉 **HILO CONDUCTOR**

Eliana ha decidido consultar con una asesoría energética sobre los distintos tipos de subsidios y exenciones fiscales existentes para la instalación de sistemas de energías renovables.

El sistema energético actual se caracteriza por una serie de elementos que configuran su estructura y funcionamiento, influyendo directamente tanto a nivel global como local. Estas características son el resultado de una evolución histórica del sector energético, donde los avances tecnológicos, las políticas públicas y las condiciones socioeconómicas han jugado un papel crucial.

2.1. Dependencia de los combustibles fósiles

La característica más importante del sistema energético contemporáneo es su fuerte dependencia de los combustibles fósiles, tales como el petróleo, el carbón y el gas natural. Estos recursos energéticos han sido, hasta el momento, la base para la generación de energía eléctrica, para el transporte y para gran parte de los procesos industriales.

Su combustión genera enormes cantidades de dióxido de carbono (CO_2), lo que contribuye significativamente al cambio climático. Constituyen, aproximadamente, el **80 % del conjunto de los recursos energéticos que se utilizan a nivel mundial.**

El coste relativamente bajo y la abundancia histórica de estas fuentes han facilitado su uso masivo. Sin embargo, su carácter no renovable y el impacto ambiental negativo han generado la necesidad urgente de encontrar fuentes alternativas.

⊕ PARA SABER MÁS

Los recursos energéticos fósiles han desencadenado serias y notorias repercusiones en el entorno natural, conoces sus efectos en el ecosistema a través de la siguiente web. Accede desde aquí:

https://redirectoronline.com/enae013po0101

Pese a esa dependencia, uno de los esfuerzos más notables en las últimas décadas ha sido la diversificación de las fuentes energéticas, impulsado por la **necesidad de reducir las emisiones de CO_2** y mejorar la seguridad energética. Las energías renovables están ganando terreno paulatinamente, con un crecimiento notable en el uso de energía solar, eólica, hidroeléctrica y, en menor medida, energía geotérmica y biomasa.

La integración de estas fuentes ha sido posible gracias a rápidas innovaciones tecnológicas que han reducido los costes y mejorado la eficiencia de la generación y el almacenamiento de energía. Un ejemplo relevante es la mejora de la eficiencia de los paneles solares y la disminución de sus costes de producción, lo que ha hecho que la energía solar se convierta en una opción viable y competitiva en muchos países.

2.2. Desarrollo de tecnologías limpias

El impulso hacia las energías renovables ha dado como resultado el fomento y el desarrollo de tecnologías energéticas más limpias. Esto incluye el avance en el almacenamiento de energía, crucial para compensar la intermitencia de renovables como el sol y el viento. Las baterías de iones de litio, por ejemplo, han registrado mejoras significativas en su capacidad y su ciclo de vida, jugando un papel vital en vehículos eléctricos y en sistemas de almacenamiento a gran escala.

Asimismo, las **redes inteligentes** *(smart grids)* han revolucionado la forma en que se distribuye y utiliza la electricidad. Estas redes permiten una gestión más eficiente y flexible del suministro de energía, integrando de mejor manera fuentes de energía renovable y mejorando la estabilidad del sistema eléctrico.

 APLICACIÓN PRÁCTICA

En una explotación agrícola, recientemente se ha instalado un sistema de paneles solares para cubrir sus necesidades energéticas, incluyendo el riego y la maquinaria. Sin embargo, se enfrenta a desafíos con la intermitencia de la energía solar y se está considerando implementar un sistema de almacenamiento de energía. ¿Cuál de las siguientes opciones sería la más beneficiosa en términos de eficiencia energética y sostenibilidad?

- **Instalar un generador diésel de respaldo para los momentos de baja producción solar.**
- **Implementar un sistema de baterías de iones de litio para almacenar el exceso de energía solar.**
- **Conectarse a la red eléctrica convencional como fuente de energía complementaria.**
- **Reducir el consumo energético limitando las horas de riego a las de máxima producción solar.**

Solución

La opción más beneficiosa sería implementar un sistema de baterías de iones de litio para almacenar el exceso de energía solar. Las baterías de iones de litio, por ejemplo, han registrado mejoras significativas en capacidad y ciclo de vida, jugando un papel vital en vehículos eléctricos y en sistemas de almacenamiento a gran escala.

2.3. Globalización del mercado energético e inversión en infraestructuras

La globalización del mercado energético es otra característica clave. Con un comercio internacional cada vez más dinámico, muchas regiones son capaces de importar combustibles fósiles o electricidad desde otros países. Este fenómeno ha aumentado la interdependencia energética entre naciones, pero también ha creado nuevas **vulnerabilidades geopolíticas**. La controversia en torno al suministro de gas natural y petróleo a Europa desde Oriente Medio y Rusia resalta algunos de estos desafíos.

La modernización y la expansión de infraestructuras energéticas es otro componente vital del sistema energético actual. La inversión corresponde no solo a la generación de nuevas fuentes de energía, sino también a la creación y la adaptación de redes de distribución para soportar un flujo de energía que crece en complejidad. Esto es crítico en el contexto de una **creciente demanda energética global** impulsada, en gran parte, por el aumento demográfico y el desarrollo económico en países en desarrollo.

 EJEMPLO

Durante décadas, muchos países europeos, especialmente Alemania, dependieron en gran medida del gas natural suministrado por Rusia a través de gasoductos como el llamado Nord Stream 1. Esta dependencia se consideraba una relación comercial estable, pero también generaba una inseguridad estratégica en las relaciones entre ambos países.

2.4. Políticas públicas y regulaciones

Adicionalmente, las políticas gubernamentales y las regulaciones juegan un papel determinante en la configuración del panorama energético. Iniciativas como el Acuerdo de París han obligado a las naciones a comprometerse en la reducción de emisiones de gases de efecto invernadero, impulsando legislaciones pro energías renovables y eficiencia energética. Los subsidios y las exenciones fiscales para energías limpias son ejemplos de cómo los Gobiernos están catalizando la transición energética.

 **VÍDEO**

En el siguiente vídeo puedes ver un resumen de las principales características del Acuerdo de París. Accede desde aquí:

https://redirectoronline.com/enae013po0102

3. Las energías renovables como alternativa

 HILO CONDUCTOR

Eliana ha decidido disminuir su fuerte dependencia de los combustibles fósiles, y de las empresas eléctricas, optando por instalar paneles solares fotovoltaicos para que suministren la energía necesaria para el funcionamiento de las bombas de agua para riego.

En las últimas décadas, las fuentes de energía limpia han emergido como una solución viable para mitigar los desafíos asociados al sistema energético actual, marcado por una dependencia masiva de combustibles fósiles. Estos desafíos no solo incluyen la degradación ambiental y el cambio climático, sino también la volatilidad de los precios de los combustibles y la inseguridad energética.

Las energías renovables se obtienen de recursos naturales capaces de regenerarse en un **corto período de tiempo**. Cada una de ellas tiene una serie de características únicas que las hacen adecuadas para diferentes aplicaciones en el sector agrario. Las **principales fuentes** son:

● **Energía solar.** La energía solar es una de las formas más accesibles y ampliamente explotadas de energías renovables. Consiste en la captación y el aprovechamiento de la radiación solar mediante tecnologías como los paneles fotovoltaicos y los colectores solares térmicos. En el sector agrario, esta energía puede ser utilizada para una variedad de propósitos: desde el bombeo de agua para riego hasta el suministro de electricidad para granjas remotas. La instalación de sistemas solares permite a los agricultores reducir significativamente su dependencia de la red eléctrica y disminuir los costos operativos.

Un ejemplo práctico es el uso de sistemas fotovoltaicos para alimentar bombas de agua que extraen agua subterránea para el riego. Este enfoque no solo ofrece un suministro ininterrumpido y económico de agua, sino que también minimiza la huella de carbono asociada al uso de combustibles fósiles para el bombeo tradicional.

● **Energía eólica.** La energía eólica se genera mediante el uso de aerogeneradores que convierten la energía cinética del viento en electricidad. En áreas rurales y abiertas con condiciones climáticas adecuadas, los aerogeneradores pueden desempeñar un papel fundamental en el abastecimiento energético de explotaciones agrarias. La instalación de turbinas eólicas de pequeña escala no solo proporciona electricidad sostenible, sino que también puede integrarse en redes microeléctricas para mejorar la resiliencia energética local.

Un caso de éxito es el uso de aerogeneradores en campos abiertos de pastoreo o cultivos. Estos no solo contribuyen a la producción de energía renovable, sino que también pueden convertirse en una fuente adicional de ingresos para los agricultores que venden la electricidad sobrante a la red.

● **Energía hidráulica.** Tradicionalmente, la energía hidráulica ha sido utilizada para mover molinos y triturar grano. Hoy en día, la implementación de pequeñas centrales hidroeléctricas en cursos de agua locales ofrece un suministro constante de electricidad renovable. Por su naturaleza, las pequeñas centrales hidroeléctricas tienen un impacto ambiental significativamente menor en comparación con las grandes presas, y pueden jugar un papel crucial en la autosuficiencia energética de las comunidades agrarias situadas cerca de fuentes de agua.

Estas microcentrales son ideales para regiones montañosas o donde existen ríos y arroyos, generando una cantidad moderada de energía que puede cubrir necesidades esenciales de iluminación y maquinaria en pequeñas explotaciones agrícolas.

● **Energía geotérmica.** La energía geotérmica, que aprovecha el calor del subsuelo, ofrece un potencial agrícola notable, especialmente en procesos que requieren calor constante como los invernaderos o las piscifactorías. El uso de bombas de calor geotérmicas para calentar suelos de invernaderos puede dar como resultado mejores rendimientos y cultivos fuera de temporada sin los altos costos energéticos que suponen los métodos de calefacción convencionales.

En regiones con acceso a agua geotérmica, este recurso puede igualmente ser usado para calefacción eficiente y ecológica de instalaciones agrícolas durante los meses de invierno.

- **Biomasa.** La biomasa es una fuente versátil que se puede utilizar para producir calor, electricidad y biocombustibles. La materia orgánica producida en granjas, como los residuos de cultivos, el estiércol y los residuos forestales, se convierte en energía mediante varias tecnologías, incluidas la combustión directa, la gasificación y la digestión anaerobia. La digestión anaerobia es especialmente interesante, ya que produce biogás que puede sustituir a los combustibles fósiles en calefacción y generación de electricidad, mientras que los desechos restantes pueden ser utilizados como fertilizante natural, mejorando la calidad del suelo. Por ejemplo, muchos agricultores en Europa están adoptando esta técnica para gestionar el estiércol de forma eficiente y sostenible.

 **RECUERDA**

Las energías renovables se basan en recursos naturales que tienen la capacidad de renovarse en un breve espacio de tiempo.

3.1. Beneficios ambientales y económicos

La implementación de energías renovables en el sector agrario ofrecen los siguientes **beneficios:**

- **Ambientales:**

  - **Reducción de emisiones de gases de efecto invernadero.** Al sustituir los combustibles fósiles por fuentes de energía limpia, se disminuye la huella de carbono de las actividades agrícolas. Además se contribuye a la mitigación del cambio climático y a la mejora de la calidad del aire.
  - **Conservación de recursos naturales.** Disminución de la dependencia de recursos no renovables como el petróleo, el carbón y el gas natural. También se promueve el uso sostenible de los recursos naturales renovables como el sol, el viento, el agua y la biomasa.

○ **Reducción de la contaminación.** Disminución de la contaminación del agua, el suelo y el aire asociada a la quema de combustibles fósiles y al uso de agroquímicos, por lo que se protege la salud de los ecosistemas y de las personas.

○ **Fomento de la biodiversidad.** Al reducir la contaminación y promover prácticas agrícolas sostenibles, se contribuye a la protección de la biodiversidad y a la conservación de los hábitats naturales. Un ejemplo de ello es la energía agrovoltaica (también conocida como agrisolar), un sistema que permite el uso simultáneo de un terreno tanto para la producción de energía solar fotovoltaica como para actividades agrícolas o ganaderas. Combina la instalación de paneles solares fotovoltaicos con cultivos o pastoreo de ganado en el mismo terreno.

○ **Mejora de la gestión de residuos.** La biomasa puede utilizarse para generar energía a partir de restos agrícolas y forestales, reduciendo la cantidad de desechos que se envían a vertederos.

⤷ **Económicos:**

○ **Reducción de costes energéticos.** A largo plazo, la implementación de energías renovables puede reducir significativamente los costes de energía en las explotaciones agrícolas. La energía solar y la eólica, por ejemplo, pueden generar electricidad a un coste menor que los combustibles fósiles.

○ **Aumento de la autonomía energética.** Las explotaciones agrícolas pueden generar su propia energía, reduciendo su dependencia de proveedores externos y de las fluctuaciones en los precios de los combustibles. Esto aumenta la seguridad energética y la resiliencia de las explotaciones.

○ **Generación de ingresos adicionales.** Las explotaciones agrícolas pueden vender el excedente de energía generada a la red eléctrica, generando ingresos adicionales. También pueden beneficiarse de incentivos y subvenciones gubernamentales para la implementación de energías renovables.

○ **Creación de empleo local.** La instalación, el mantenimiento y la operación de sistemas de energías renovables generan empleo en las comunidades rurales. Esto contribuye al desarrollo económico local y a la diversificación de la economía rural.

○ **Mejora de la competitividad.** La implementación de energías limpias puede mejorar la imagen de las explotaciones agrícolas y aumentar su competitividad en los mercados nacionales e internacionales. Los consumidores están cada vez más interesados en productos agrícolas producidos de manera sostenible.

Instalación agrovoltaica con pastoreo de ganado

Otros **beneficios** adicionales son:

> **Mejora de la gestión del agua**
> - Mediante sistemas de irrigación solar más eficientes, lo que es crucial en áreas propensas a la sequía.

> **Aumento de la productividad agrícola**
> - Al proporcionar energía confiable para la automatización y el procesamiento de cultivos.

> **Mejora de la seguridad alimentaria**
> - Haciendo que las operaciones agrícolas sean más resilientes frente a las interrupciones en el suministro de energía convencional.

3.2. Inconvenientes y desafíos

Las energías renovables, a pesar de sus numerosos beneficios, presentan varios **inconvenientes que deben considerarse**. Uno de los principales desafíos es la **intermitencia en la producción de energía**, ya que dependen de factores naturales como el sol, el viento o las mareas, lo que puede resultar un problema. Además, la implementación de tecnologías renovables a menudo requiere una **inversión inicial significativa**, lo que puede ser un obstáculo para su adopción generalizada.

Otro problema es la necesidad de **grandes extensiones de terreno** para la instalación de parques solares o eólicos, lo que puede generar conflictos con otros usos del suelo. La eficiencia de algunas tecnologías renovables aún es relativamente baja en comparación con las fuentes convencionales, lo que implica que se necesita más espacio y recursos para generar la misma cantidad de energía.

El **almacenamiento de energía** también representa un problema, ya que las baterías actuales tienen limitaciones en términos de capacidad y duración. Además, algunas tecnologías renovables pueden tener **impactos ambientales negativos**, como la alteración de ecosistemas por las represas hidroeléctricas o la generación de residuos al final de la vida útil de los paneles solares. Por último, la **integración de las energías renovables en las redes eléctricas** existentes puede requerir importantes modificaciones en la infraestructura, lo que supone costes adicionales y desafíos técnicos.

 ## ACTIVIDAD COMPLEMENTARIA

1. Analiza los siguientes enlaces y responde a la siguiente cuestión: ¿cuáles son los inconvenientes de la instalación de paneles solares fotovoltaicos en una explotación agrícola?

   Accede a los enlaces desde aquí:

https://redirectoronline.com/enae013po0103

https://redirectoronline.com/enae013po0104

4. Métodos de ahorro energético

 **HILO CONDUCTOR**

Con la intención de reducir el consumo general de energía, Eliana ha decidido contratar a una empresa externa para que realice una auditoría energética del conjunto de la explotación.

El uso eficiente y racional de la energía es un componente fundamental en la transición hacia un sistema más sostenible, especialmente en el sector agrario, donde las demandas son significativas. Después de examinar las energías renovables como alternativa, es esencial abordar los métodos de ahorro energético que pueden complementar el uso de estas fuentes de energía, optimizando así su potencial y reduciendo el impacto ambiental.

4.1. Auditorías energéticas

Una auditoría energética es el primer paso para identificar oportunidades de ahorro. Permite evaluar el consumo actual y reconocer áreas donde se pueden implementar mejoras. En el sector agrario, las auditorías pueden ayudar a identificar procesos ineficientes, equipos que necesitan actualizaciones o reparaciones, y oportunidades para incorporar tecnologías más eficientes.

👁 **EJEMPLO**

Una auditoría puede revelar que un sistema de calefacción en un invernadero está funcionando de manera ineficiente, lo que puede solucionarse con un mejor aislamiento o con la instalación de sistemas de calefacción más modernos.

Las auditorías energéticas en el sector agrario suelen centrarse en las siguientes **áreas:**

Sistemas de riego y bombeo
- Son uno de los mayores consumidores de energía en la agricultura.

Climatización de invernaderos y naves ganaderas
- Es fundamental para mantener condiciones óptimas para cultivos y animales.

Iluminación de instalaciones
- Sustituyendo luminarias antiguas por otras más eficientes.

Equipos y maquinaria agrícola
- Fundamentalmente cambiando de motores diésel a eléctricos.

Sistemas de refrigeración y almacenamiento
- Mejorando el aislamiento en las áreas de almacenamiento y reduciendo la pérdida de frío.

Instalaciones de energías renovables (solar fotovoltaica, eólica, biomasa)
- Optimizando su funcionamiento.

Una vez realizadas, las medidas correctoras más comunes que suelen surgir están dirigidas a optimizar la contratación eléctrica, la mejora de la eficiencia en sistemas de riego y la sustitución de equipos por modelos más eficientes.

4.2. Tecnologías de control y automatización

La automatización de los equipos agrícolas permite un uso más preciso y eficiente de los recursos. En la actualidad, existen sensores y redes inteligentes que permiten regular automáticamente el suministro de energía según la demanda real.

En los últimos años, se han desarrollado grandes avances en la automatización del riego basada en sensores de humedad del suelo que ayudan a reducir el consumo agua, asegurando que los equipos de riego se utilicen solo cuando sea necesario. Asimismo, existen innovadores sistemas de iluminación inteligentes que ajustan la intensidad en función de la luz natural.

Monitoreo del cultivo mediante sensores y redes inteligentes

El diseño de los edificios agrícolas también es fundamental para minimizar la pérdida de energía. La incorporación de técnicas como el aislamiento térmico eficiente, la construcción con materiales de alta capacidad térmica y la orientación óptima de los edificios puede reducir sustancialmente la demanda energética.

👁 EJEMPLO

Diseñar invernaderos utilizando materiales que maximicen la captación de energía solar durante el día y minimicen la pérdida de calor por la noche puede mejorar la eficiencia energética.

4.3. Maquinaria y equipos eficientes

El empleo de maquinaria y equipos eficientes en el sector agrícola se ha convertido en un método crucial para el ahorro energético, ofreciendo múltiples beneficios tanto económicos como ambientales. Esta tendencia hacia la eficiencia energética está transformando la agricultura moderna, permitiendo una producción más sostenible y responsable.

En la última década está avanzando enormemente el uso de maquinaria eléctrica, desde pequeñas motosierras hasta tractores de gran potencia.

 **PARA SABER MÁS**

En el siguiente enlace puedes conocer las ventajas que ofrecen las máquinas eléctricas sobre las que usan motores con combustibles fósiles.

Accede desde aquí:

https://redirectoronline.com/enae013po0105

4.4. Gestión de residuos

La gestión eficiente de residuos agrícolas es actualmente una estrategia clave para el ahorro energético en el sector agrícola. Este enfoque no solo optimiza el uso de recursos, sino que también transforma lo que antes se consideraba un desperdicio en una valiosa fuente de energía renovable.

La implementación de prácticas de eficiencia energética en la gestión de residuos agrícolas contribuye a la reducción del consumo de energía en varios **aspectos:**

Producción de biocombustibles	- Son combustibles líquidos o sólidos derivados de biomasa como plantas, algas o residuos orgánicos. Los residuos como el orujo, el orujillo y el hueso de aceituna pueden transformarse en biocombustibles con alto poder calorífico, proporcionando una fuente de energía renovable para calefacción y generación de electricidad.

Continúa en página siguiente >>

<< Viene de página anterior

| Sistemas de biogás | - Es una mezcla de gases, principalmente metano y dióxido de carbono. La instalación de sistemas de biogás permite convertir los desechos orgánicos en energía renovable, que puede utilizarse para producir electricidad o calor en la propia explotación. Se utilizan en forma gaseosa. |
| Reducción de insumos externos | - Al utilizar los residuos como fertilizantes naturales o compost, se disminuye la necesidad de fertilizantes sintéticos, cuya producción es energéticamente intensiva. |

TAREA 1

Eliana tiene en su explotación cultivos de regadío, maquinaria e invernaderos, por lo que el consumo de energía es muy elevado. Ha decidido implementar todas las estrategias posibles para reducirlo al máximo. ¿Qué iniciativas o medidas puede tomar?

5. Resumen

El sistema energético actual enfrenta un momento crucial debido a la creciente demanda de energía, la volatilidad en los precios de los combustibles fósiles y el cambio climático. La transición hacia fuentes más limpias y sostenibles es esencial no solo para abordar la crisis ambiental, sino también para aprovechar oportunidades económicas y fomentar la innovación que garantice la seguridad energética a largo plazo.

La dependencia significativa de los combustibles fósiles genera emisiones masivas de gases de efecto invernadero y contribuye a la degradación ambiental.

A pesar de esta fuerte dependencia, se ha llevado a cabo un notable esfuerzo para diversificar las fuentes de energía, aumentando la utilización de energías renovables como la solar, la eólica y la hidroeléctrica.

La globalización ha transformado el mercado energético, creando interdependencias entre países y presentando nuevos desafíos geopolíticos.

La eficiencia energética se ha convertido en un aspecto primordial para reducir el consumo y las emisiones, con innovaciones en iluminación, maquinaria agrícola eficiente y el desarrollo de edificios e instalaciones de muy bajo consumo. Las energías renovables también ofrecen beneficios económicos y ambientales significativos, especialmente en el sector agrícola, donde su implementación puede disminuir considerablemente la dependencia de combustibles fósiles.

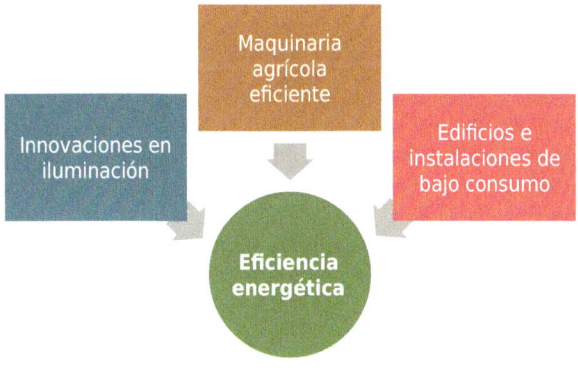

Ejercicios de autoevaluación
Unidad de Aprendizaje 1

1. Determina si la siguiente afirmación es verdadera o falsa: "La característica más importante del sistema energético contemporáneo es su fuerte dependencia de los combustibles fósiles, tales como el petróleo, el carbón y el gas natural. Constituyen aproximadamente el 10 % del conjunto de los recursos energéticos que se utilizan a nivel mundial".

   ■ Verdadero
   ■ Falso

2. ¿Qué utilizan las bombas de calor geotérmicas?

   a. El calor del subsuelo.
   b. Los biocombustibles.
   c. La biomasa.
   d. El biogás y fertilizantes a partir de residuos orgánicos.

3. Determina si la siguiente afirmación es verdadera o falsa: "Los aerogeneradores generan electricidad a partir de la energía cinética del viento".

   ■ Verdadero
   ■ Falso

4. Relaciona los siguientes conceptos:

   a. Energía solar
   b. Energía eólica
   c. Energía geotérmica
   d. Biomasa

   __ Uso de aerogeneradores en campos de pastoreo.
   __ Calefacción de invernaderos con bombas de calor.
   __ Digestión anaerobia de estiércol para producir biogás.
   __ Paneles fotovoltaicos para alimentar bombas de agua de riego.

5. ¿Qué tipo de energía renovable permite el uso simultáneo de un terreno tanto para la producción de energía como para actividades agrícolas o ganaderas?

    a. La energía hidráulica
    b. La biomasa
    c. La energía agrovoltaica o agrisolar
    d. La energía geotérmica

Tipos de energías renovables

Contenido

Objetivos

El objetivo general de esta Unidad de Aprendizaje es:

→ Comprender los principios, las tecnologías y las aplicaciones de las principales fuentes de energías renovables en el sector agrario.

Los objetivos específicos de esta Unidad de Aprendizaje son:

→ Analizar el funcionamiento y las aplicaciones de la energía solar pasiva y térmica en el sector agrícola, así como su impacto en la reducción de costes y la sostenibilidad.

→ Describir las tecnologías utilizadas en la energía hidráulica y minihidráulica, y su contribución al desarrollo rural mediante el suministro de electricidad.

→ Examinar la creación de energía procedente de la biomasa, los biocombustibles y el biogás como alternativas a los combustibles fósiles.

→ Identificar los diferentes tipos de cultivos agroenergéticos y sus aplicaciones en la producción de energía.

→ Diseñar sistemas de energía solar adecuados a las necesidades de una instalación agraria.

1. Introducción

Existen varios tipos de energías renovables que tienen aplicaciones en el sector agrícola, contribuyendo a la sostenibilidad y la eficiencia energética.

La energía solar destaca como una fuente fundamental, que incluye dos tipos: pasiva y térmica. La pasiva aprovecha la luz del sol para calentar e iluminar edificaciones sin el uso de dispositivos mecánicos, utilizando el diseño adecuado de estructuras y materiales con alta capacidad de retención. La energía térmica utiliza colectores y mecanismos para calentar fluidos con el fin de proporcionar agua caliente o aire para diversos usos.

La energía hidráulica y minihidráulica también tienen una gran importancia, especialmente en áreas agrícolas con acceso a ríos o canales de riego. Esta tecnología permite generar electricidad de forma renovable y estable. Por su parte, la energía eólica ofrece otra fuente de energía limpia mediante aerogeneradores que transforman la energía cinética del viento en electricidad.

La gestión de residuos orgánicos en el ámbito agrario se aborda como una solución sostenible, destacando la producción de biomasa, biocombustibles y biogás. Estos recursos se obtienen mediante la transformación de desechos, tanto agrícolas como urbanos, favoreciendo la reducción de desechos y la generación de energía.

Eliana, la agricultora de Cádiz, está llevando a cabo distintas medidas con la intención de ser lo más autosuficiente posible. Para ello, está instalando distintos sistemas de energía solar, minihidráulica, eólica, de biomasa y cultivos energéticos.

2. Energía solar: pasiva, térmica

 HILO CONDUCTOR

La empresa que ha contratado Eliana para que realice una auditoría energética de su explotación la ha informado de que sus almacenes no retienen adecuadamente el calor que reciben del sol, por lo que ha decidido aplicar en sus muros materiales con alta capacidad de retención térmica.

La energía solar es una fuente inagotable de energía que se ha venido utilizando desde tiempos inmemoriales y que, en la actualidad, se ha convertido en una pieza clave para la sostenibilidad ambiental y la transición hacia un uso más consciente de los recursos energéticos. En el ámbito agrario, el aprovechamiento de la energía solar no solo promueve prácticas sostenibles, sino que también puede llevar a una considerable **reducción en los costes de operación.**

2.1. Energía solar pasiva

La energía solar pasiva se refiere a la utilización directa de la luz solar para el calentamiento y la iluminación, **sin la mediación de dispositivos mecánicos o eléctricos.** Se trata de un método ancestral que se basa en el diseño estratégico de estructuras, el empleo de materiales adecuados y la correcta orientación de las edificaciones para maximizar la captura y la retención del calor.

Los principios de la energía solar pasiva se centran en las propiedades térmicas de los materiales, la ubicación de las instalaciones con respecto al sol y el uso de elementos arquitectónicos que permitan la captura y la distribución efectiva del calor. Las estrategias incluyen el uso de ventanas, invernaderos, muros de masa térmica y techos verdes.

Dentro del contexto agrícola, la energía solar pasiva tiene las siguientes **aplicaciones:**

Invernaderos solares pasivos	Almacenes agrícolas
- Los invernaderos son estructuras que maximizan la captación de luz solar para el cultivo de plantas. Es posible capturar y retener el calor durante el día para liberar progresivamente la temperatura durante la noche, protegiendo las plantas de las bajas temperaturas. Están diseñados para no tener que usar sistemas de calefacción artificiales. Incorporan materiales con alta capacidad térmica, como pequeños muros de adobe, piedras, agua o contenedores oscuros, para almacenar el calor durante el día y liberarlo gradualmente durante la noche.	- Mediante la construcción de almacenes con orientación adecuada y el uso de muros con alta capacidad de retención térmica, se puede mantener un ambiente interior más estable, reduciendo la dependencia de sistemas de calefacción artificiales.

2.2. Energía solar térmica

La energía solar térmica es otra forma de aprovechar directamente la radiación solar, enfocándose en su capacidad para calentar fluidos. Mediante **colectores solares**, se recoge el calor del sol y se utiliza para calentar agua o aire destinado a usos industriales, residenciales y agrarios. La diferencia esencial entre energía solar pasiva y térmica es el uso de dispositivos tecnológicos para intensificar y controlar la transformación del calor.

El sistema de energía solar térmica se compone principalmente de colectores solares conocidos como **paneles, sistemas de almacenamiento de calor, tuberías conductoras** y, en algunas aplicaciones, **intercambiadores de calor.**

Existen diferentes **tipos de colectores:**

Plano	- Son los más tradicionales y adecuados para aplicaciones de baja y media temperatura.
De tubo de vacío	- Son más eficientes en la captura del calor solar para aplicaciones a media y alta temperatura.

 **RECUERDA**

Mientras que la energía solar pasiva aprovecha el calor solar de forma natural, la energía solar térmica emplea dispositivos tecnológicos, como colectores, para controlar y potenciar la transformación de ese calor.

En general, la orientación ideal para los paneles solares depende de varios factores, incluyendo la latitud, la época del año en la que se consume más energía y las características de la edificación. Sin embargo, como regla general, se **recomienda orientar los paneles solares hacia el sur**, lo que permite que reciban la máxima radiación durante todo el día, mejorando así significativamente su rendimiento.

La aplicación de estos sistemas de energía solar térmica abre un abanico de posibilidades en diversos sectores. Uno de los más beneficiados es el agrícola, donde el uso de esta tecnología no solo optimiza procesos, sino que también contribuye a la sostenibilidad y la eficiencia en la producción. En agricultura, la energía solar térmica tiene las siguientes **aplicaciones:**

- **Secado de cultivos.** En agricultura, la energía solar térmica se utiliza en sistemas de secado de cultivos como granos, frutas y hortalizas. Permite el deshidratado eficiente de productos, prolongando su vida útil y mejorando la seguridad alimentaria.
- **Calefacción de agua.** Los sistemas solares térmicos pueden proporcionar agua caliente para usos directos en el procesamiento de alimentos y también en establos para asegurar el bienestar animal, impactando directamente en la producción y la calidad de vida del ganado.

 TAREA 2

Eliana quiere instalar sistemas de energía solar para reducir el consumo en sus invernaderos y en sus establos. ¿Qué puede realizar?

---

3. Energía hidráulica y minihidráulica

 HILO CONDUCTOR

Teniendo en cuenta que en la explotación de Eliana hay un arroyo que lleva agua durante todo el año, ha decidido instalar una pequeña central minihidráulica que le proporcionará electricidad para el uso de la iluminación exterior de parte de sus instalaciones.

La energía hidráulica ha sido una de las fuentes de energía renovable más utilizadas desde la antigüedad, aprovechando el flujo del agua para generar electricidad. Con el avance de las tecnologías renovables, la energía hidráulica no solo se ha consolidado como una base inagotable de energía limpia, sino que también se ha diversificado hacia sistemas más pequeños y descentralizados, como la **minihidráulica**, que permite su uso en ámbitos específicos como el sector agrario.

 **VÍDEO**

En el siguiente vídeo puedes analizar el funcionamiento de una central hidráulica.

Accede al vídeo desde aquí:

https://redirectoronline.com/enae013po0201

3.1. Características de los sistemas minihidráulicos

Dentro del espectro de la energía hidráulica surge la minihidráulica como una solución más sostenible. Este tipo de aprovechamiento se caracteriza por **instalaciones de menor tamaño**, diseñadas para localizaciones específicas, aprovechando pequeñas corrientes de agua sin necesidad de grandes embalses ni obras de ingeniería de gran magnitud.

Las minicentrales hidroeléctricas, diseñadas para generar hasta 10 MW, se presentan como una solución energética ideal para zonas rurales y pequeñas comunidades, destacando por su mínimo impacto ambiental al requerir **menor intervención en el entorno** y reducir la necesidad de grandes represas. Su instalación inicial es de costes asequibles, lo que facilita el desarrollo rural, promueve la autonomía energética y reduce la dependencia de redes externas y combustibles fósiles. Además, estas instalaciones permiten un suministro constante de agua para riego, impulsando la productividad agrícola y fomentando la agricultura sostenible, al disminuir la huella de carbono y los costes asociados a los combustibles fósiles.

3.2. Tecnologías de los sistemas minihidráulicos

La tecnología se basa en desviar el agua de un río o arroyo a través de canales o tuberías hasta una turbina, que convierte la energía del agua en movimiento en energía mecánica, la cual se transforma luego en electricidad mediante un generador.

Existen diversos **tipos de turbinas y sistemas,** siendo los más empleados los siguientes:

- ⮱ **Turbinas Kaplan:** son adecuadas para ríos con caudales voluminosos pero baja caída, ideales para aplicaciones minihidráulicas.
- ⮱ **Turbinas Pelton:** son las más aptas para lugares con gran altura de caída y bajo caudal, donde pueden operar de manera eficiente en pequeñas centrales.
- ⮱ **Turbinas Francis:** son extremadamente versátiles y se utilizan en una amplia gama de aplicaciones minihidráulicas, especialmente en sitios con caudales y alturas de caída medianos. Su diseño permite una alta eficiencia en condiciones variables, lo que las hace muy adaptables.
- ⮱ **Turbinas de flujo cruzado:** también conocidas como turbinas Banki-Michell, son robustas y relativamente simples, lo que las hace adecuadas para aplicaciones de baja potencia y en condiciones de caudal variable. Son tolerantes a la suciedad y los sedimentos, lo que las hace ideales para ríos con agua turbia.
- ⮱ **Sistemas de bombeo inverso:** son conocidos como PSH (*Pumped Storage Hydropower)* y, aunque generalmente se asocian con grandes centrales hidroeléctricas, los principios de PSH también se pueden aplicar a menor escala. Estos sistemas bombean agua a un embalse superior durante períodos de baja demanda de energía y la liberan para generar electricidad durante los picos de demanda.
- ⮱ **Ruedas de agua tradicionales:** aunque de tecnología más antigua, últimamente se están volviendo a usar como alternativa al suministro eléctrico tradicional y han encontrado un hueco para pequeñas instalaciones debido a su simplicidad y bajo coste.

 **APLICACIÓN PRÁCTICA**

En una finca agrícola, existe un arroyo el cual tiene un salto de agua con una gran altura de caída y bajo caudal. El gerente desea instalar

Continúa en página siguiente >>

<< Viene de página anterior

una minicentral hidroeléctrica para la generación de electricidad. Teniendo en cuenta las características del salto de agua, ¿qué tipo de turbina sería la más adecuada?

Solución

Se debería instalar una turbina Pelton. Las turbinas Pelton son aptas para lugares con gran altura de caída y bajo caudal, donde pueden operar de manera eficiente en pequeñas centrales.

---

4. Energía eólica

☞ HILO CONDUCTOR

En una zona de la finca de Eliana, en la más alta, es habitual que corra mucho viento, por lo que ha encargado un estudio a una empresa de instalación de energía eólica para ver si le resulta rentable instalar algún tipo de aerogenerador.

La energía eólica es una fuente de **energía renovable e inagotable, no contaminante** y clave en la transición energética, ya que reduce las emisiones de CO_2 y la dependencia de combustibles fósiles. Además, fomenta el desarrollo sostenible al ser eficiente, económica y generadora de empleo. Las últimas tecnologías han mejorado significativamente la eficiencia de las turbinas eólicas mediante innovaciones en diseño, materiales y digitalización.

4.1. Componentes principales de los aerogeneradores

Estos dispositivos operan bajo principios fundamentales de aerodinámica y conversión energética.

Sus principales **componentes** son:

- **Torre.** Estructura vertical que soporta el conjunto del aerogenerador. Su altura es fundamental, ya que determina la exposición del rotor (palas y cubo) a corrientes de aire de distinta velocidad y altitud. Las torres más elevadas permiten captar vientos más constantes y potentes.
- **Palas.** Son los elementos más visibles y distintivos del aerogenerador. Están fabricadas generalmente con materiales compuestos ligeros y resistentes, como fibra de vidrio o compuestos de fibra de carbono. Su diseño aerodinámico es vital para una captura eficiente de la energía eólica.
- **Cubo del rotor.** Ubicado en el extremo de las palas y conectado al eje principal, su función es transferir la energía cinética captada por las palas al eje, que a su vez la transmite al generador.
- **Generador eléctrico.** Situado en la parte superior de la torre o dentro de la góndola, transforma la energía mecánica del eje principal en electricidad. Los generadores suelen ser de tipo síncrono de imanes permanentes o asíncronos.
- **Sistema de control.** Supervisa y ajusta la orientación de las palas para maximizar la captación de energía y proteger el sistema en condiciones climáticas adversas. También regula la velocidad de rotación del rotor para prevenir daños y optimizar la eficiencia.
- **Sistema de orientación.** Conocido también como *yaw system*, permite al aerogenerador girar para alinearse con la dirección óptima del viento. Este ajuste es fundamental para maximizar la eficiencia en la captación de energía.

Los aerogeneradores para energía eólica se clasifican principalmente en dos tipos: **de eje horizontal (HAWT**, por sus siglas en inglés *Horizontal Axis Wind Turbine*) y **de eje vertical (VAWT**, *Vertical Axis Wind Turbine*).

Ejemplo de aerogeneradores tipo VAWT, de eje vertical

4.2. Funcionamiento

El funcionamiento de un aerogenerador se inicia con la **captación de la energía cinética** del viento por las palas, diseñadas aerodinámicamente para maximizar esta captura. Esta energía provoca la **rotación del rotor**, cuyo movimiento se transmite a través del eje principal hacia el **generador eléctrico**. Dentro del generador, la energía mecánica se transforma en electricidad mediante principios electromagnéticos, produciendo corriente alterna. Finalmente, esta electricidad se envía a través de cables a estaciones transformadoras, donde se ajusta la tensión para su integración en la red eléctrica, permitiendo su distribución y uso.

 **DEFINICIÓN**

Energía cinética
Es la que posee un cuerpo o sistema debido a su movimiento.

5. Energía de la biomasa, biocombustibles y biogás

 **HILO CONDUCTOR**

Teniendo en cuenta que en su finca se genera una gran cantidad de residuos, tanto de las cosechas como del tratamiento de estas, Eliana ha decidido instalar una planta para la producción de biomasa.

Todas estas formas de energías renovables tienen su origen en **materia orgánica proveniente de seres vivos**, ya sean plantas, animales o microorganismos. Son un recurso muy versátil, ya que permiten la obtención de combustibles, compuestos químicos y materiales diversos. Aunque su uso se remonta a miles de años, han resurgido como una opción sostenible frente a los combustibles fósiles.

5.1. Características de la biomasa

La **biomasa** es un conjunto de restos orgánicos que se queman directamente para generar calor, el cual puede usarse para calentar agua y producir vapor que, a su vez, acciona las turbinas para generar electricidad.

Como materia prima se usan subproductos agrícolas, como restos de cosechas, residuos de madera y desechos de la industria alimentaria. Los desechos urbanos, que incluyen restos de comida, jardinería, papel y cartón, también aportan materia orgánica valiosa. Asimismo, los subproductos industriales, como madera y serrín de la industria del mueble, fibras naturales de la industria textil y residuos de fábricas de papel, complementan la diversidad de fuentes de biomasa.

La eficiencia y la sostenibilidad de la biomasa como fuente energética dependen en gran medida de la **preparación, la selección y la separación adecuadas de los materiales**, lo cual implica procesos como el triturado, el astillado o el compactado, que facilitan el manejo de los materiales.

En el caso de los residuos orgánicos urbanos, la **separación en origen y la recogida selectiva** son esenciales para obtener biomasa de alta calidad y reducir la contaminación. Estos procesos no solo optimizan la conversión de biomasa en energía, sino que también contribuyen a la gestión sostenible de residuos y a la reducción del impacto ambiental.

 PARA SABER MÁS

Una planta de biomasa es una instalación construida específicamente para producir energía a partir de materia orgánica. Conoce su funcionamiento a través de la siguiente web. Accede desde aquí:

https://redirectoronline.com/enae013po0202

5.2. Características de los biocombustibles

Los **biocombustibles,** también conocidos como biocarburantes, se obtienen de fuentes biológicas, como plantas y microorganismos. Se utilizan como **alternativa a los combustibles fósiles tradicionales**, como el gas natural o el petróleo, con la finalidad de reducir la dependencia de los recursos no renovables y reducir el impacto medioambiental que conlleva el uso de combustibles fósiles: bioetanol y biodiésel.

La producción de biocombustibles se nutre de diversas fuentes. Se aprovechan residuos agrícolas como la paja, la madera y los rastrojos. Los aceites vegetales y las grasas animales también se utilizan, junto con aceites de cocina reciclados. Asimismo, las algas emergen como una fuente prometedora debido a su alto contenido de aceite y rápido crecimiento.

El **bioetanol** es un biocombustible líquido, obtenido mediante la fermentación de materias primas ricas en azúcares o almidones. Se utiliza principalmente como combustible para vehículos. Se puede mezclar con gasolina en diferentes proporciones, creando combustibles como el E10 (10 % bioetanol, 90 % gasolina) o el E85 (85 % bioetanol, 15 % gasolina).

 SABÍAS QUE...

El bioetanol no es un invento moderno. A principios del siglo XIX, Henry Ford, el pionero de la producción en masa de automóviles, diseñó su famoso Modelo T para funcionar con bioetanol, con gasolina o con una mezcla de ambos.

El **biodiésel** es un biocombustible líquido que se obtiene a partir de fuentes renovables, como aceites vegetales, aceites animales o grasas. Este combustible se emplea como **alternativa al diésel convencional** derivado del petróleo, con el objetivo de reducir la dependencia de los combustibles fósiles y disminuir las emisiones de gases de efecto invernadero.

Se puede utilizar en motores convencionales, ya sea puro o mezclado con el diésel normal, en diferentes proporciones (por ejemplo, el conocido como B20, que contiene un 20 % de biodiésel y un 80 % de diésel fósil). Lo emplean automóviles, camiones, autobuses y maquinaria agrícola. También se puede utilizar en calderas y sistemas de calefacción para generar calor en hogares, edificios, procesos industriales e **instalaciones agrícolas**

como invernaderos y naves o almacenes. Además, tiene usos como disolvente en la industria química y como lubricante en algunas aplicaciones industriales.

5.3. Características del biogás

El biogás es un gas combustible producido mediante digestión anaeróbica, es decir, por la descomposición de materia orgánica en ausencia de oxígeno. Está compuesto principalmente por metano (50-75 %) y dióxido de carbono (25-45 %), con pequeñas cantidades de otros gases como hidrógeno, nitrógeno y sulfuro de hidrógeno.

Las materias primas utilizadas suelen ser las mismas que para los biocombustibles. El biogás se utiliza en motores de combustión interna o turbinas de gas **para producir electricidad**, que puede abastecer hogares, empresas, instalaciones agrícolas o la red eléctrica. Se emplea en procesos industriales que requieren calor, como por ejemplo la producción de ladrillos o cerámica.

En su producción se produce un residuo llamado **digestato,** un fertilizante rico en nutrientes que se usa en agricultura.

La fabricación se lleva a cabo en instalaciones específicas llamadas **biodigestores**, donde los microorganismos descomponen la materia orgánica.

6. Cultivos agroenergéticos

☞ HILO CONDUCTOR

Como complemento a todas las medidas que ha tomado Eliana en su explotación, también ha decidido cultivar algunas plantas de las conocidas como agroenergéticas, las cuales utilizará para producir biomasa.

Los cultivos agroenergéticos son especies vegetales cultivadas para la producción de biomasa destinada a la generación de energía. A diferencia de otros tipos de agricultura, que buscan la producción de alimentos o fibras,

estos cultivos están orientados a ser una fuente viable de biocombustibles y energía térmica. Las características de estos incluyen alta productividad de biomasa, bajo costo de producción, adaptación a condiciones marginales y mínima competencia con los cultivos alimentarios.

Pueden clasificarse en varias **categorías** dependiendo de su uso final y el tipo de energía que se piensa obtener:

Oleaginosos	- Estos incluyen plantas como la colza, la soja y el girasol, cuyo aceite vegetal se transforma en biodiésel, un combustible alternativo renovable que se quema más limpio que los combustibles fósiles tradicionales.
Cereales	- Como el maíz, el trigo y la cebada, que pueden procesarse para producir etanol. El uso de estos cultivos plantea desafíos de sostenibilidad y seguridad alimentaria, por lo que un equilibrio en su producción es crucial.
Lignocelulósicos	- Son plantas ricas en celulosa y lignina. Algunas de las más utilizadas son el miscanto gigante (Miscanthus × giganteus) y el pasto varilla (Panicum virgatum), que destacan por su capacidad de crecer en suelos marginales con bajos requerimientos de fertilización y agua.
Cultivos leñosos	- Se usan plantas de crecimiento rápido, tales como el sauce o el álamo, particularmente útiles para la producción de energía térmica mediante la combustión directa.

 ACTIVIDAD COMPLEMENTARIA

2. Analiza los siguientes enlaces y responde a la siguiente cuestión: ¿qué desventajas puede presentar el uso de biodiésel en un motor?

Continúa en página siguiente >>

<< Viene de página anterior

Accede a los enlaces desde aquí:

https://redirectoronline.com/enae013po0203

https://redirectoronline.com/enae013po0204

7. Resumen

La energía solar en el sector agrario se presenta en dos formas principales: la pasiva, que se basa en el diseño adecuado para captar y retener el calor solar sin dispositivos mecánicos, y, por otro lado, la energía solar térmica, que utiliza colectores solares para calentar fluidos directamente.

La energía eólica utiliza aerogeneradores, compuestos por torre, palas y generador, que capturan la energía cinética del viento y la convierten en electricidad que se transmite a la red después de ser transformada.

La energía hidráulica, una fuente renovable histórica, ha evolucionado para incluir sistemas más pequeños como la minihidráulica, que pueden aplicarse en el ámbito agrario. Esta tecnología proporciona energía de manera más accesible y descentralizada, aprovechando el flujo del agua para generar electricidad.

La gestión de residuos orgánicos, tanto agrícolas como urbanos, se presenta como una solución energética sostenible. Mediante sistemas de recogida y separación, estos residuos se transforman en biomasa, biocombustibles y biogás a través de procesos como la digestión anaeróbica, ofreciendo una alternativa para la generación de energía y la reducción de desechos.

Los cultivos agroenergéticos son una forma especializada de producción de energía. Caracterizados por su alta productividad y bajo costo, estos cultivos incluyen plantas oleaginosas, cereales y especies lignocelulósicas, destinados específicamente a la producción de biocombustibles y energía térmica.

Ejercicios de autoevaluación
Unidad de Aprendizaje 2

1. Determina si la siguiente afirmación es verdadera o falsa: "La energía solar térmica se refiere a la utilización directa de la luz solar para el calentamiento y la iluminación, sin la intervención de dispositivos mecánicos o eléctricos".

   ■ Verdadero
   ■ Falso

2. ¿Qué estructura vertical eleva el rotor (palas y cubo) para captar vientos más constantes y potentes?

   a. El generador eléctrico
   b. La torre
   c. El sistema de control
   d. El sistema de orientación

3. Determina si la siguiente afirmación es verdadera o falsa: "El bioetanol es un biocombustible líquido, obtenido mediante la fermentación de materias primas ricas en azúcares o almidones".

   ■ Verdadero
   ■ Falso

4. Relaciona los siguientes conceptos:

   a. Bioetanol
   b. Biogás
   c. Oleaginosos
   d. Energía eólica

   __ Torre
   __ Combustible líquido
   __ Digestato
   __ Cultivos agroenergéticos

5. ¿Qué son los biodigestores?

    a. Las instalaciones donde se fabrica el biogás.

    b. Las instalaciones donde se fabrica el biodiésel.

    c. Instalaciones agrícolas, como invernaderos y naves o almacenes, donde se fabrica el bioetanol.

    d. Aceites vegetales que se usan en calderas y sistemas de calefacción.

Aplicaciones de las energías renovables en el medio rural

Contenido

Objetivos

El objetivo general de esta Unidad de Aprendizaje es:

→ Comprender cómo las energías renovables pueden aplicarse para solucionar problemas específicos en el medio rural, impulsando la sostenibilidad en la agricultura y mejorando la eficiencia económica y ambiental.

Los objetivos específicos de esta Unidad de Aprendizaje son:

→ Conocer el uso de sistemas de riego y bombeo alimentados por energías renovables para asegurar el acceso y el uso eficiente del agua en la agricultura.

→ Explicar las aplicaciones de los residuos agrícolas, transformándolos en biogás y otras formas de energía útil.

→ Identificar cómo la incorporación de tecnologías limpias, mediante paneles solares y turbinas eólicas, permite a las instalaciones agrícolas reducir su dependencia de fuentes externas de energía.

→ Escoger los sistemas de energía renovable más adecuados según las características del entorno.

1. Introducción

En el ámbito rural, las energías renovables abordan problemas específicos como el acceso al agua, la gestión de residuos orgánicos y la conservación de alimentos. Además, el uso de tecnologías limpias en silos y almacenes mejora la preservación de productos agrícolas, mientras que los invernaderos de baja huella de carbono aumentan la eficiencia y la rentabilidad.

El tratamiento del agua mediante energías renovables permite su purificación y desalinización. Por otro lado, el aprovechamiento de residuos agrícolas fomenta la economía circular, transformando desechos en energía útil o fertilizantes. Una aplicación destacada es la producción de biogás, que no solo gestiona residuos eficazmente, sino que también genera energía renovable, pudiendo autofinanciar la producción agrícola.

La integración de energías renovables en el sector agrario ofrece múltiples beneficios: reduce costes operativos, mejora la gestión ambiental y aumenta la competitividad en un mercado global cada vez más enfocado a la sostenibilidad. Esta transformación hacia prácticas más respetuosas con el medioambiente no solo responde a preocupaciones ecológicas, sino que también representa una oportunidad para el desarrollo socioeconómico rural.

En la explotación de Eliana se ha mejorado en eficiencia energética y en autosuficiencia, por lo que está estudiando la sustitución de maquinaria en general, sensores y sistemas de control climático, así como mejorar en vigilancia y bienestar de la ganadería.

2. Sistemas de riego y bombeo

 HILO CONDUCTOR

Eliana, que ya instaló una central minihidráulica en su explotación, ha adquirido una bomba de superficie que instalará en el embalse de central para bombear agua hasta los establos.

El agua es un recurso vital para la agricultura. El riego asegura que los cultivos reciban la cantidad adecuada de agua para un crecimiento óptimo, especialmente en regiones áridas o durante períodos de sequías.

El agua puede provenir de fuentes subterráneas, como pozos, donde el bombeo se realiza mediante bombas sumergibles o de superficie, dependiendo de la profundidad a la que se encuentre el agua. En aguas superficiales, como ríos, lagos y embalses, el bombeo se realiza mediante bombas de superficie.

La elección de la fuente y la técnica de bombeo dependerá de diversos factores, como la disponibilidad de agua, la profundidad de la fuente, la topografía del terreno y el tipo de cultivo.

Los **sistemas de bombeo de agua** más habituales en el medio rural son:

Bombas centrífugas	- Son las más utilizadas debido a su versatilidad y su eficiencia. Funcionan mediante un impulsor que gira, generando fuerza centrífuga que impulsa el agua. Se utilizan en una amplia gama de aplicaciones, como suministro de agua doméstico, riego y sistemas de presión.
Bombas sumergibles	- Diseñadas para funcionar sumergidas en el agua, son ideales para pozos profundos, extracción de agua de ríos y lagos, y drenaje de inundaciones. Existen modelos para aguas limpias y aguas residuales. Existen bombas sumergibles de alta potencia, capaces de elevar el agua a grandes alturas.
Bombas de superficie	- Se instalan fuera del agua y succionan el líquido a través de una tubería. Son adecuadas para pozos poco profundos, estanques y fuentes. Dentro de esta categoría se encuentran las bombas centrífugas de superficie, las bombas periféricas y las bombas tipo *jet*.
Motobombas	- Bombas accionadas por un motor de combustión interna (gasolina o diésel). Son ideales para lugares sin acceso a electricidad o para situaciones de emergencia. Utilizadas en agricultura, construcción y drenaje de inundaciones.

PARA SABER MÁS

Mediante el uso de energía solar, junto a sensores y sistemas de control inteligentes, se puede gestionar el agua de riego de la forma más eficaz. A través de la siguiente web puedes conocer el funcionamiento de estos sistemas. Accede a ella desde aquí:

https://redirectoronline.com/enae013po0301

APLICACIÓN PRÁCTICA

En una explotación agrícola, hay un estanque de agua procedente de la lluvia. Se quiere obtener agua de él para regar una huerta cercana. Teniendo en cuenta las características del lugar, ¿qué tipo de bomba sería la más adecuada?

Solución

Las más adecuadas serían las bombas de superficie, ya que se instalan fuera del agua y succionan el líquido a través de una tubería. Son adecuadas para pozos poco profundos, estanques y fuentes. Dentro de esta categoría se encuentran las bombas centrífugas de superficie, las bombas periféricas y las bombas tipo *jet*.

3. Silos y almacenes

👉 **HILO CONDUCTOR**

En uno de sus almacenes, que dependía totalmente del suministro eléctrico de una empresa, Eliana ha colocado una serie de paneles solares y unas baterías, consiguiendo una independencia energética total.

La integración de energías renovables en silos y almacenes agrícolas representa una importante innovación para el medio rural, transformando la manera en que se conservan y almacenan los productos antes de su distribución o procesamiento. Esta evolución hacia prácticas más sostenibles no solo reduce los costes operativos, sino que también disminuye significativamente el impacto ambiental de estas instalaciones.

La energía solar emerge como una solución versátil y eficiente para silos y almacenes. La instalación de paneles fotovoltaicos en los techos permite generar electricidad *in situ,* alimentando maquinaria y sistemas de climatización. Además, la energía solar térmica facilita la realización de actividades como el secado de grano, manteniendo condiciones óptimas de almacenamiento y reduciendo el riesgo de deterioro de los productos.

En regiones con alta radiación solar, estos sistemas pueden proporcionar energía suficiente para mantener una ventilación adecuada en naves y almacenes. La instalación de baterías de almacenamiento, a base de litio, garantiza un suministro constante, incluso durante períodos de baja radiación solar.

 SABÍAS QUE...

El rápido desarrollo de las baterías de litio ha llevado a una disminución significativa en sus precios. En la última década, los precios han caído en más del 85 %. Esto ha hecho que la energía solar y su almacenamiento sean mucho más accesibles.

La **energía eólica**, en áreas rurales con condiciones de viento favorables, ofrece una fuente complementaria de electricidad. La instalación de turbinas eólicas, especialmente pequeños aerogeneradores cerca de los almacenes, permite una generación distribuida de energía. Esta estrategia no solo alimenta equipos esenciales como ventiladores y sistemas de iluminación, sino que también refuerza la estabilidad energética de las instalaciones, reduciendo la dependencia de fuentes externas.

La **biomasa** y el **biogás** presentan una oportunidad única para crear un modelo de economía circular en silos y almacenes agrícolas. Los residuos agrícolas, como cáscaras y pajas, pueden transformarse en biogás mediante digestión anaeróbica. Este biogás se utiliza eficientemente para generar calor en operaciones de secado y para cogeneración eléctrica. Este enfoque no solo proporciona una fuente de energía renovable, sino que también ofrece una solución sostenible para la gestión de residuos agrícolas.

 TAREA 3

Eliana quiere instalar sistemas de energía renovable para el funcionamiento del sistema de climatización de uno de sus almacenes que se encuentra en una zona ventosa, ya que es la más elevada de la finca. Está lejos de cursos de agua y con dificultad de acceso para vehículos de transporte. ¿Qué sistemas serán los más adecuados para instalar en un lugar con esas características? ¿Cuáles son los sistemas no viables o menos adecuados?

- -

4. Invernaderos

 HILO CONDUCTOR

Para mejorar el ahorro energético del invernadero, Eliana ha cambiado los sensores ambientales y los sistemas de control y programación, sustituyendo los antiguos, que necesitaban conexión a la red eléctrica, por otros con baterías, que se van recargando mediante unos paneles fotovoltaicos.

- -

Un invernadero es una estructura cerrada, diseñada principalmente para el cultivo de plantas en un ambiente controlado. Este control se refiere a varios parámetros, como la temperatura, la humedad, la luz y la ventilación, logrados mediante el diseño de la estructura, la cubierta y la tecnología implantada en el invernadero.

La **energía solar** es quizás la fuente renovable más prometedora para los invernaderos. Se puede usar de diversas maneras:

Paneles fotovoltaicos	Calentadores de agua
- Pueden instalarse en la estructura del invernadero o en su proximidad para generar electricidad, la cual puede alimentar sistemas de ventilación, irrigación automática y control climático.	- Pueden instalarse para proporcionar calefacción mediante la circulación de agua caliente, manteniendo una temperatura óptima para el cultivo.

La instalación de **microturbinas eólicas** puede ser una alternativa efectiva, sobre todo en regiones con vientos constantes. Aunque los requerimientos de espacio y estructura pueden ser un desafío, la integración con invernaderos puede asegurar un suministro constante de electricidad renovable para las necesidades diarias.

El uso de **biomasa como fuente de calor** es otro método eficaz para reducir la dependencia de combustibles fósiles. La biomasa, al compostarse, genera calor que puede canalizarse mediante un sistema de tubos para mantener la temperatura y la humedad adecuadas dentro del invernadero. Además, el uso de residuos agrícolas y orgánicos puede proporcionar una fuente local y sostenible de biomasa.

5. Instalaciones ganaderas

 **HILO CONDUCTOR**

Hasta ahora, Eliana usaba el estiércol de su ganado para el abonado de sus cultivos, pero ha decidido instalar un pequeño digestor anaeróbico, y así podrá

Continúa en página siguiente >>

<< Viene de página anterior

emplear parte del estiércol en la fabricación de biogás, el cual usará para el funcionamiento de las calderas de sus establos.

La alta demanda energética de las operaciones ganaderas tradicionales, desde los sistemas de ventilación y calefacción hasta el suministro de agua, impulsa la necesidad de alternativas sostenibles.

La energía solar, mediante paneles fotovoltaicos y calentadores de agua, ofrece soluciones accesibles y eficientes. En regiones con vientos constantes, la energía eólica emerge como una opción muy viable para la generación de electricidad. La biomasa y el biogás, **derivados de desechos orgánicos como el estiércol**, proporcionan fuentes de energía renovable continua a través de digestores anaeróbicos y la combustión de restos agrícolas y animales. Estas tecnologías no solo reducen los costes operativos y la dependencia de combustibles fósiles, sino que también fomentan prácticas ganaderas más sostenibles y respetuosas con el medioambiente.

 SABÍAS QUE...

La producción de biogás es un proceso que puede durar desde 15 hasta 90 días, aproximadamente, dependiendo del tipo de estiércol y del clima.

---

6. Tratamiento de aguas

 HILO CONDUCTOR

Al limpiar los establos de la explotación se obtiene mucha agua sucia, que no se puede aprovechar de nuevo, ya que tiene demasiados residuos. Eliana ha decidido instalar un pequeño sistema para el tratamiento del agua y así poder usarla para riego.

La calidad del agua afecta directamente la productividad agrícola. Por ejemplo, el agua salina o contaminada puede afectar negativamente la salud de las plantas y del ganado, mientras que el acceso limitado al agua limpia puede restringir las operaciones agrarias. Por ello, es fundamental implantar sistemas de tratamiento adecuados para garantizar el crecimiento sostenible y la viabilidad económica en el sector agrario.

Históricamente, los métodos de tratamiento de agua en el ámbito rural han sido bastante rudimentarios, a menudo limitados por consideraciones de coste y disponibilidad de tecnología. La sedimentación, la filtración simple e incluso la exposición al sol para procesos de desinfección han sido prácticas comunes.

Actualmente, y mediante el uso de energías renovables, puede llevarse a cabo el tratamiento de aguas para uso agrícola mediante varios sistemas, como son:

Ósmosis inversa y energía solar
- La ósmosis inversa, un proceso que utiliza membranas semipermeables para eliminar partículas del agua, puede integrar energía solar para funcionar en zonas rurales. El uso de paneles solares para impulsar bombas y sistemas de ósmosis permite que comunidades aisladas traten el agua sin depender de la red eléctrica.

Tecnología fotovoltaica aplicada a aireadores
- Los sistemas de aireación son efectivos para mejorar la calidad del agua, al aumentar la oxigenación y promover la degradación de desechos. Con energía solar, se pueden instalar equipos de aireación en estanques y zonas que, de otro modo, dependerían de fuentes de energía convencionales.

Biorreactores alimentados por energía eólica
- La energía eólica puede utilizarse para operar biorreactores que tratan las aguas residuales. Estos sistemas aprovechan microorganismos para descomponer materia orgánica, transformando los residuos en productos menos nocivos, adecuados para su reutilización.

ACTIVIDAD COMPLEMENTARIA

3. Analiza la siguiente noticia y responde a la siguiente cuestión: ¿qué es la aireación de las aguas residuales y cómo se realiza?

   Accede a la noticia desde aquí:

https://redirectoronline.com/enae013po0302

---

7. Tratamiento y aprovechamiento de residuos agrarios

 HILO CONDUCTOR

En su explotación, Eliana ha instalado un sistema de digestión anaeróbica para transformar sus residuos orgánicos en biogás y fertilizantes. Esta iniciativa minimiza la cantidad de desechos y restos, le ofrece energía y, además, le permite reducir costes del abonado de sus cultivos.

Los residuos agrarios son a veces un problema para las explotaciones, con efectos que abarcan desde el deterioro ambiental hasta la merma en la productividad y la elevación de los costes operativos. La acumulación de estos desechos, que incluyen pesticidas, fertilizantes químicos y plásticos, contamina el suelo y los recursos hídricos, comprometiendo la fertilidad del suelo y la calidad del agua.

Desde el punto de vista de la explotación, la contaminación reduce la productividad y la gestión inadecuada de residuos genera costes adicionales. Para mitigar estos impactos, es crucial adoptar prácticas de agricultura sostenible, implementar técnicas de compostaje y digestión anaeróbica, y promover la economía circular en el sector agrario. Es esencial entender las distintas categorías de residuos agrarios para determinar el tratamiento adecuado:

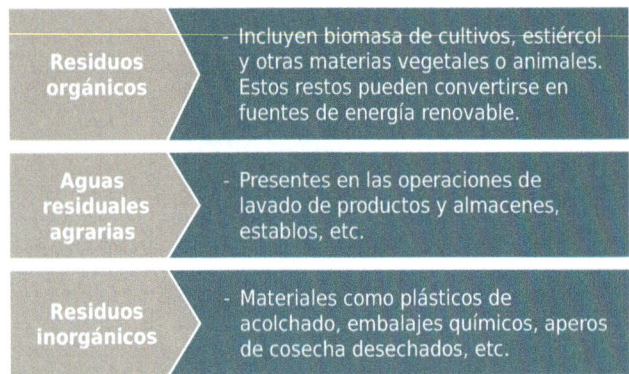

Residuos orgánicos - Incluyen biomasa de cultivos, estiércol y otras materias vegetales o animales. Estos restos pueden convertirse en fuentes de energía renovable.

Aguas residuales agrarias - Presentes en las operaciones de lavado de productos y almacenes, establos, etc.

Residuos inorgánicos - Materiales como plásticos de acolchado, embalajes químicos, aperos de cosecha desechados, etc.

Existen distintas tecnologías para el tratamiento de los residuos agrarios, que permiten su aprovechamiento y su transformación en energía. Hay algunas muy simples, como dejar descomponerse libremente la materia, y otras más complejas, como la incineración controlada o la descomposición térmica, como la pirólisis.

 **DEFINICIÓN**

Pirólisis
Consiste en la descomposición térmica de residuos orgánicos en ausencia de oxígeno. Genera productos como biochar, biogás y bioaceite, brindando usos potenciales en el campo agrícola como enmiendas o biocombustibles.

8. Aplicaciones del biogás. Nuevas Tendencias

El biogás, generado mediante la digestión anaeróbica de materia orgánica, se ha convertido en una fuente de energía renovable prometedora para el sector agrario, ofreciendo múltiples aplicaciones innovadoras. Entre estas, destacan:

Purificación del biogás a biometano
- Permite su inyección en redes de gas natural y su uso como combustible vehicular, reduciendo costes operativos y el impacto ambiental del transporte agrícola.

Generación de energía para autoconsumo
- En las instalaciones agrícolas, utilizando sistemas de cogeneración de alta eficiencia que maximizan la producción energética y minimizan las emisiones contaminantes.
- El calor producido se aprovecha en procesos como el secado de granos y el calentamiento de invernaderos.

Además, el biogás se emplea para alimentar equipos de riego, especialmente en áreas con infraestructura eléctrica limitada. Otras tendencias incluyen la producción de biofertilizantes a partir de subproductos de la digestión anaeróbica y el desarrollo de biorrefinerías agrarias que maximizan el aprovechamiento integral de la biomasa. Estas innovaciones no solo reducen la dependencia de combustibles fósiles, sino que también ofrecen soluciones eficientes para el tratamiento y la gestión de residuos agrarios, promoviendo una economía circular en el sector.

9. Resumen

En el medio rural, la instalación de fuentes de energía renovable está mejorando considerablemente actividades como el acceso al agua, la gestión eficiente de residuos orgánicos, la mejora de los costes de suministro eléctrico y la autosuficiencia energética. Además, la adopción de tecnologías limpias en silos y almacenes está optimizando la conservación de los productos agrícolas, mientras que los invernaderos están incrementando la eficiencia y la rentabilidad de las explotaciones.

El tratamiento del agua mediante energías renovables, que incluye procesos de purificación y desalinización, está abriendo nuevas posibilidades para la agricultura en regiones con escasez hídrica. Asimismo, el aprovechamiento de residuos agrícolas está impulsando la economía circular, transformando desechos en recursos valiosos como energía y fertilizantes.

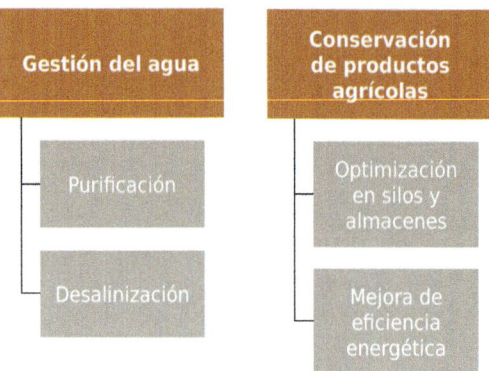

Esta transición hacia prácticas más respetuosas con el medioambiente no solo responde a imperativos ecológicos, sino que también representa una oportunidad para el desarrollo socioeconómico de las comunidades rurales. La integración de energías renovables en el sector agrario está generando los siguientes beneficios:

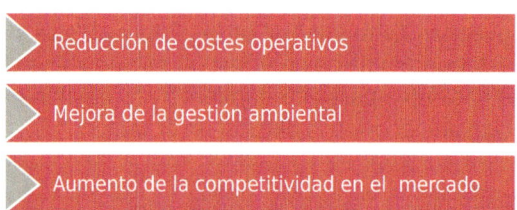

Un ejemplo destacado de las aplicaciones de las energías renovables en el medio rural es la producción de biogás, que no solo facilita la gestión de residuos, sino que también genera energía renovable, ofreciendo la posibilidad de autofinanciar la producción agrícola.

Ejercicios de autoevaluación
Unidad de Aprendizaje 3

1. Determina si la siguiente oración es verdadera o falsa: "Históricamente, la sedimentación, la filtración simple e incluso la exposición al sol se han empleado como procesos de desinfección del agua".

   ■ Verdadero
   ■ Falso

2. ¿Qué tipo de bombas se instalan fuera del agua y succionan el líquido a través de una tubería?

   a. Bombas de superficie
   b. Bombas sumergibles
   c. Bombas de emergencia y motobombas
   d. Bombas centrífugas

3. Determina si la siguiente oración es verdadera o falsa: "Los calentadores de agua pueden instalarse en la estructura del invernadero o en su proximidad para generar electricidad, la cual puede alimentar sistemas de ventilación, irrigación automática y control climático".

   ■ Verdadero
   ■ Falso

4. Relaciona los siguientes conceptos:

   a. Biorreactor
   b. Lavado de establos
   c. Purificación de biogás
   d. Almacenamiento de energía

   __ Litio
   __ Biometano
   __ Tratamiento de aguas
   __ Agua residual

5. ¿Qué es la ósmosis inversa?

a. Un sistema de aireación que mejora la calidad del agua, al aumentar la oxigenación y promover la degradación de desechos.

b. Un proceso que utiliza membranas semipermeables para eliminar partículas del agua.

c. Un sistema que aprovecha microorganismos para descomponer materia orgánica, transformando los residuos en productos menos nocivos.

d. Un método para transformar restos vegetales en electricidad.

Normativa aplicable

Contenido

Objetivos

El objetivo general de esta Unidad de Aprendizaje es:

→ Conocer la normativa aplicable en el ámbito energético y medioambiental, así como su impacto en el ámbito de las energías renovables en el sector agrario.

Los objetivos específicos de esta Unidad de Aprendizaje son:

→ Analizar las directivas y los reglamentos europeos y nacionales que promueven energías renovables y sostenibles.

→ Identificar la legislación medioambiental y su importancia en la protección del entorno natural.

→ Examinar las regulaciones sobre prevención de riesgos laborales en el contexto energético.

---

1. Introducción

La normativa energética actual está diseñada para enfrentar los desafíos relacionados con el cambio climático y promover una transición eficaz hacia fuentes de energía más sostenibles. Mediante distintas leyes se fomenta la diversificación energética y se integran energías renovables como la solar y la eólica.

La regulación europea, así como la nacional, juega un papel fundamental al establecer directrices y normativas que los países miembros deben cumplir para alinear sus políticas energéticas con los objetivos climáticos y ambientales. Entre las normativas destacadas se encuentran directivas y reglamentos que fomentan el desarrollo de infraestructuras necesarias para las energías renovables y garantizan que las inversiones en este sector sean realmente sostenibles. La legislación establece criterios claros que ayudan a inversores, empresas y Gobiernos a identificar actividades económicas que pueden considerarse tanto sostenibles como beneficiosas desde un punto de vista ambiental.

Además, la legislación subraya la importancia de la implementación de comunidades energéticas, que permiten a los ciudadanos participar activamente en la producción y la gestión de energía renovable. Por otro lado, en el sector agrario se espera un cambio hacia prácticas más sostenibles, impulsadas por un marco legal que favorece el autoconsumo y el uso de tecnologías limpias.

La normativa también incluye aspectos relacionados con la protección del medioambiente y la salud humana, garantizando que las actividades energéticas no perjudiquen a los ecosistemas o a la calidad de vida de las personas.

Teniendo en cuenta la cantidad de cambios que está llevando a cabo en su explotación, Eliana está preocupada por el correcto cumplimiento de la normativa, por lo que ha encargado a su asesoría jurídica que le realice un estudio específico de cuáles son las normas que debe cumplir y cómo debe aplicarlas en su caso.

2. Normativa europea

☞ **HILO CONDUCTOR**

Dentro de la normativa, se encuentran medidas para la promoción de sistemas de energía renovable para sistemas de climatización, por lo que Eliana ha decidido solicitar una subvención que empleará en la mejora de sus cámaras frigoríficas.

- -

La normativa europea establece directrices y regulaciones que los países miembros deben seguir en el ámbito de la energía y el medioambiente. Entre las más relevantes se encuentran las siguientes.

2.1. Directiva (UE) 2023/2413 del Parlamento Europeo y del Consejo

Aprobada el 18 de octubre de 2023, es una normativa reciente que forma parte del marco legislativo de la Unión Europea para abordar los desafíos energéticos y climáticos. Modifica un reglamento y dos directivas anteriores, con el **objetivo de fortalecer la promoción de la energía procedente de fuentes renovables** en la Unión Europea.

Esta directiva complementa y actualiza normativas previas, como la Directiva RED II (2018/2001), introduciendo nuevos objetivos y medidas más ambiciosas para cumplir con los compromisos climáticos de la Unión Europea.

Los **objetivos principales** de la Directiva (UE) 2023/2413 son:

- ⮑ **Incremento del objetivo de energía renovable para 2030.** La directiva eleva el objetivo vinculante de energía renovable en el consumo final bruto de energía de la UE del 32 % (establecido en la RED II) al 42,5 % para 2030, con un objetivo indicativo adicional de alcanzar hasta el 45 % si las condiciones lo permiten. Este aumento refleja la necesidad de acelerar la descarbonización de la economía europea y reducir las emisiones de gases de efecto invernadero.
- ⮑ **Fomento del autoconsumo y las comunidades energéticas.** La directiva refuerza el apoyo al autoconsumo energético y las comunidades energéticas, eliminando barreras administrativas y garantizando que los ciudadanos puedan generar, consumir, almacenar y vender energía

renovable sin discriminación. También se promueven incentivos fiscales y económicos para facilitar la inversión en tecnologías renovables en hogares, empresas y comunidades rurales.

● **Impulso a la electrificación sostenible.** Se establecen medidas para aumentar el uso de energías renovables en sectores difíciles de descarbonizar, como el transporte, la industria y la calefacción/refrigeración. Esto incluye el desarrollo de infraestructuras de recarga para vehículos eléctricos y la promoción de soluciones basadas en energías renovables para sistemas de climatización.

● **Sostenibilidad de la biomasa y otros biocombustibles.** La directiva introduce criterios más estrictos para garantizar que el uso de biomasa y biocombustibles no cause daños ambientales significativos, como la deforestación o la competencia con la producción de alimentos. Además, se prioriza el uso de residuos agrícolas y forestales como fuente de energía renovable.

● **Reducción de la burocracia y agilización de proyectos.** Una de las novedades clave de esta directiva es la simplificación de los procedimientos administrativos para la aprobación y la puesta en marcha de proyectos de energías renovables. Se establecen plazos máximos para la tramitación de permisos y licencias, especialmente en áreas rurales, donde el potencial de las energías renovables es significativo.

Las medidas propuestas en la Directiva (UE) 2023/2413 no solo buscan acelerar la transición energética a nivel europeo, sino que también reconocen el papel crucial que desempeñan las áreas rurales en este proceso.

El medio rural es uno de los principales beneficiarios de las medidas introducidas por esta directiva, ya que actúa sobre los siguientes **aspectos:**

Autoconsumo y microrredes
- Fomenta la instalación de sistemas de autoconsumo solar fotovoltaico, pequeñas turbinas eólicas y microrredes en explotaciones agrícolas y viviendas rurales.

Biomasa sostenible
- Promueve el aprovechamiento de residuos agrícolas y forestales como fuente de energía renovable, contribuyendo al desarrollo económico local.

Continúa en página siguiente >>

<< Viene de página anterior

Comunidades energéticas rurales
- Facilita la creación de comunidades energéticas en áreas rurales, permitiendo que los habitantes colaboren para desarrollar proyectos renovables compartidos y reducir costes.

Facilitación administrativa
- Reduce los trámites burocráticos para la implementación de proyectos renovables en zonas rurales, acelerando su desarrollo.

 ACTIVIDAD COMPLEMENTARIA

4. Analiza la siguiente noticia y responde a las siguientes cuestiones sobre las comunidades energéticas: ¿cómo funcionan?, ¿qué características tienen?, ¿qué beneficios aportan?

Accede a la noticia desde aquí:

https://redirectoronline.com/enae013po0401

2.2. Reglamento (UE) 2020/852 del Parlamento Europeo y del Consejo

En relación con la creación de instalaciones de energías renovables, este reglamento tiene un impacto directo porque establece criterios específicos para determinar si las inversiones en energía renovable son realmente sostenibles.

Más conocido como el **Reglamento Taxonomía de la UE,** es una norma clave para promover inversiones sostenibles en Europa. Su objetivo principal es crear un marco claro y común que ayude a los inversores, las empresas y los Gobiernos a identificar qué actividades económicas pueden considerarse sostenibles (o verdes) desde el punto de vista ambiental.

Antes de esta norma, no había un estándar claro para definir qué inversiones eran verdes. Esto podía llevar a lo que se llama *greenwashing*, es decir, cuando una actividad o proyecto se presenta como ecológico sin cumplir con criterios reales de sostenibilidad.

Para abordar este problema, el reglamento define los siguientes **objetivos ambientales:**

- **Mitigación del cambio climático.** Reducir emisiones de gases de efecto invernadero mediante energías renovables, eficiencia energética y tecnologías como la captura de carbono.
- **Adaptación al cambio climático.** Prepararse para los impactos climáticos inevitables con infraestructuras resilientes, agricultura sostenible y restauración de ecosistemas.
- **Uso sostenible de recursos hídricos y marinos.** Gestionar responsablemente agua y océanos con prácticas sostenibles, tratamiento de aguas residuales y energías limpias que protejan los ecosistemas.
- **Economía circular.** Promover el reciclaje, la reutilización y el diseño sostenible para reducir residuos y optimizar el uso de recursos.
- **Prevención de la contaminación.** Minimizar la contaminación del aire, el agua y el suelo mediante tecnologías limpias, reducción de químicos peligrosos y gestión segura de residuos.
- **Protección de la biodiversidad y los ecosistemas.** Conservar especies y restaurar ecosistemas dañados a través de áreas protegidas, reforestación y agricultura orgánica.

El reglamento establece algunos requisitos clave para que una actividad económica pueda considerarse sostenible, entre ellos, **no causar daños ambientales significativos.**

Además de ser beneficiosas para el clima, las instalaciones de energías renovables no deben perjudicar otros aspectos ambientales, como la biodiversidad. Por ejemplo, la construcción de una planta hidroeléctrica no debe destruir hábitats naturales importantes.

También se requiere el cumplimiento de unas garantías sociales mínimas, ya que las actividades deben respetar los **derechos humanos fundamentales**

y principios laborales como los establecidos en la Declaración de la Organización Internacional del Trabajo.

 **EJEMPLO**

Una empresa desea crear un parque eólico. Para que este proyecto sea considerado sostenible según el Reglamento Taxonomía, debe cumplir con los siguientes pasos:

- Mitigación del cambio climático: demostrar que el parque eólico reducirá significativamente las emisiones de CO_2 en comparación con otras fuentes de energía.
- Sin daño significativo: asegurarse de que la construcción y la operación del parque no afecten negativamente a la biodiversidad local (por ejemplo, evitar áreas donde haya aves migratorias).
- Cumplimiento social: garantizar que los trabajadores involucrados en la construcción y la operación tengan condiciones laborales justas y seguras.

Si el proyecto cumple con estos criterios, puede etiquetarse como sostenible y será más atractivo para inversores y bancos interesados en financiar iniciativas verdes.

2.3. Reglamento (UE) 2023/1804 del Parlamento Europeo y del Consejo

El Reglamento (UE) 2023/1804 es una normativa reciente que sustituye a la Directiva 2014/94/UE (DAFI) sobre Infraestructuras para Combustibles Alternativos. Este reglamento introduce un marco más ambicioso y detallado para acelerar el desarrollo de las infraestructuras necesarias para apoyar la transición hacia un transporte sostenible en la Unión Europea.

En el contexto del sector agrario, este reglamento podría tener un impacto significativo en la **adopción de combustibles alternativos**. La agricultura, que tradicionalmente ha dependido en gran medida de los combustibles fósiles, está explorando cada vez más opciones sostenibles. El biodiésel, producido a partir de aceites vegetales o grasas animales, se presenta como una alternativa viable para la maquinaria agrícola.

El Reglamento (UE) 2023/1804 tiene como **objetivos principales:**

Reducir las emisiones de gases de efecto invernadero
- Busca disminuir la huella de carbono mediante el despliegue de infraestructuras para combustibles alternativos, como estaciones de recarga eléctrica y repostaje de hidrógeno, especialmente en las redes transeuropeas.

Facilitar la transición hacia vehículos impulsados por energías renovables
- Promueve el uso de vehículos eléctricos e impulsados por hidrógeno, garantizando una infraestructura adecuada y accesible que permita su adopción masiva, con sistemas de pago sencillos y precios transparentes.

Apoyar los objetivos climáticos de la UE
- Contribuye a los compromisos del Pacto Verde Europeo y la Ley Europea del Clima, que establecen la neutralidad climática para 2050 y una reducción del 55 % en las emisiones netas para 2030 respecto a los niveles de 1990, fomentando un transporte más sostenible.

El reglamento introduce metas obligatorias para los Estados miembros, con plazos claros para la implementación de las infraestructuras.

 **APLICACIÓN PRÁCTICA**

En una explotación agrícola, los vehículos que se usan funcionan con gasoil. Su gerente desea que dichos vehículos sean menos contaminantes, por lo que ha decidido usar carburantes alternativos como el biodiésel. ¿Qué normativa trata directamente sobre el uso de combustibles alternativos?

Solución

La normativa es el Reglamento (UE) 2023/1804 del Parlamento Europeo y del Consejo. Este reglamento introduce un marco más ambicioso y detallado para acelerar el desarrollo de infraestructuras necesarias para apoyar la transición hacia un transporte sostenible en la Unión Europea. El biodiésel, producido a

Continúa en página siguiente >>

<< Viene de página anterior

partir de aceites vegetales o grasas animales, se presenta como una alternativa viable para la maquinaria agrícola.

---

3. Normativa nacional

 HILO CONDUCTOR

Eliana, conocedora de la normativa que fomenta la instalación de sistemas de energía renovable para el autoconsumo, ha decidido solicitar varias subvenciones para llevar a cabo algunos proyectos que tiene pensados, como la instalación de una serie de miniturbinas eólicas para la generación de electricidad.

La transición hacia una agricultura sostenible en España se apoya en un marco legal que fomenta la instalación de sistemas de energía renovable. Desde la optimización del autoconsumo hasta la valorización de la biomasa, las leyes y normativas impulsan un sector agrario más eficiente y respetuoso con el medioambiente.

Las políticas de la Unión Europea, como la Política Agraria Común (PAC) y el Pacto Verde Europeo, influyen en la normativa española, fomentando prácticas agrícolas respetuosas con el medio natural y el uso de energías alternativas.

3.1. Real Decreto Ley 29/2021, de 21 de diciembre, por el que se adoptan medidas urgentes en el ámbito energético para el fomento de la movilidad eléctrica, el autoconsumo y el despliegue de energías renovables

El Real Decreto Ley 29/2021, de 21 de diciembre, es una normativa española que establece medidas en el ámbito energético. La urgencia de este decreto ley se justifica por la necesidad de ejecutar los fondos del **Plan de**

Recuperación, Transformación y Resiliencia (PRTR). Se busca acelerar la transición energética y cumplir con los objetivos de descarbonización.

Los **objetivos principales** de esta norma son:

Fomento de la movilidad eléctrica
- Impulsar la instalación de puntos de recarga para vehículos eléctricos. Bonificar fiscalmente a quienes instalen estos puntos.

Desarrollo del autoconsumo
- Simplificar los trámites administrativos para la instalación de sistemas de autoconsumo, especialmente en alta tensión. Evitar retrasos en las tramitaciones y fomentar las inversiones en autoconsumo.

Despliegue de energías renovables
- Medidas para acelerar la puesta en marcha de proyectos de energías renovables e impulsar las inversiones en generación de energía eléctrica a partir de fuentes renovables.

Entre las medidas más destacables se encuentra el establecimiento de bonificaciones en el impuesto sobre actividades económicas (IAE) para aquellos que instalen puntos de recarga.

3.2. Real Decreto 413/2014, de 6 de junio, por el que se regula la actividad de producción de energía eléctrica a partir de fuentes de energía renovables, cogeneración y residuos

El Real Decreto 413/2014, de 6 de junio, regula el régimen jurídico y económico de la actividad de producción de energía eléctrica a partir de fuentes de energía renovables, cogeneración y residuos.

Los **objetivos principales** de esta normativa son:

- **Regular el régimen jurídico y económico.** Estableciendo normas para la actividad de producción de energía eléctrica a partir de fuentes de energía renovable, cogeneración y residuos.
- **Garantizar la sostenibilidad financiera del sistema eléctrico.** Asegurando un equilibrio entre los costes y los ingresos del sistema.

- **Establecer un nuevo régimen retributivo.** Que sea específico para las instalaciones de producción de energía renovable, cogeneración y residuos, tanto existentes como futuras.
- **Asegurar una rentabilidad razonable.** Sobre todo, para las plantas de energías renovables por la inversión realizada que no se cubra con la venta de energía a precios de mercado.
- **Adaptar la regulación del sector eléctrico.** Haciéndolo a la nueva realidad del mercado y a los cambios experimentados en los últimos años.
- **Cumplir con el compromiso del Gobierno de España.** Presentado en el Programa Nacional de Reformas a la Comisión Europea, de implementar medidas para garantizar la estabilidad financiera del sistema eléctrico.
- **Sustituir y actualizar la normativa anterior.** Específicamente los derogados Real Decreto 661/2007 y Real Decreto 1578/2008.

En esta norma se establece una clasificación de instalaciones de producción de energía eléctrica en categorías, grupos y subgrupos según el tipo de fuente de energía utilizada. También se determina la metodología del régimen retributivo para las instalaciones de producción que cumplan ciertos requisitos.

4. Normativa medioambiental

 HILO CONDUCTOR

Preocupada desde siempre por el respeto hacia el medio natural, Eliana ha contratado los servicios de una empresa de gestión de residuos industriales para que retire y gestione adecuadamente los desechos procedentes de sus actividades de limpieza y mantenimiento de maquinaria, ya que generan algunos restos contaminantes como aceites y otros lubricantes.

A la hora de crear y mantener instalaciones para la producción de energías renovables es muy importante cumplir con determinada legislación, dirigida a proteger el entorno natural.

Además de velar por el cuidado del medioambiente, estas leyes también incluyen aspectos relacionados con la protección de la salud humana y los daños que en las personas puedan ser causados por la contaminación del aire, el agua, etc.

La normativa fundamental europea se fija en los artículos 11 (título II) y 191 a 193 (título XX) del conocido como **Tratado de Funcionamiento de la Unión Europea,** firmado por todos los países que la componen y que entró en vigor el 1 de diciembre del año 2009.

Según este tratado, la consecución de un desarrollo sostenible es uno de los objetivos generales y principales, por lo que se establece un compromiso para conseguir un «alto nivel de protección y mejora de la calidad del medioambiente».

En España, una de las principales normas en materia medioambiental es la **Ley 26/2007, de 23 de octubre, de Responsabilidad Medioambiental,** que transpone al derecho español la Directiva 2004/35/CE del Parlamento Europeo y del Consejo. Esta ley hace referencia a la prevención y la reparación de daños medioambientales y se ocupa de que los causantes de los daños a determinados recursos naturales (agua, suelo, seres vivos y espacios protegidos) respondan por estos.

Para completar la legislación ambiental, también existe una normativa a nivel autonómico, comarcal o local.

5. Resumen

La normativa energética vigente aborda los retos vinculados al cambio climático y favorece una transición efectiva hacia fuentes de energía más sostenibles. Mediante la legislación, se impulsa la diversificación de las fuentes energéticas y la integración de energías renovables.

En este contexto, la regulación europea desempeña un papel clave al establecer pautas y normativas que los países miembros deben seguir para armonizar sus políticas energéticas con los objetivos climáticos y ambientales. Las leyes españolas destacan por dictar decretos que promueven el desarrollo de infraestructuras necesarias para las energías renovables, asegurando que las inversiones en este sector sean realmente sostenibles.

Asimismo, la legislación resalta la relevancia de las comunidades energéticas, que brindan a los ciudadanos la oportunidad de involucrarse activamente en la producción y la gestión de energía renovable.

En el ámbito agrario, se fomenta un cambio hacia prácticas más responsables con el medioambiente, respaldado por un marco legal que incentiva el autoconsumo y el uso de tecnologías limpias.

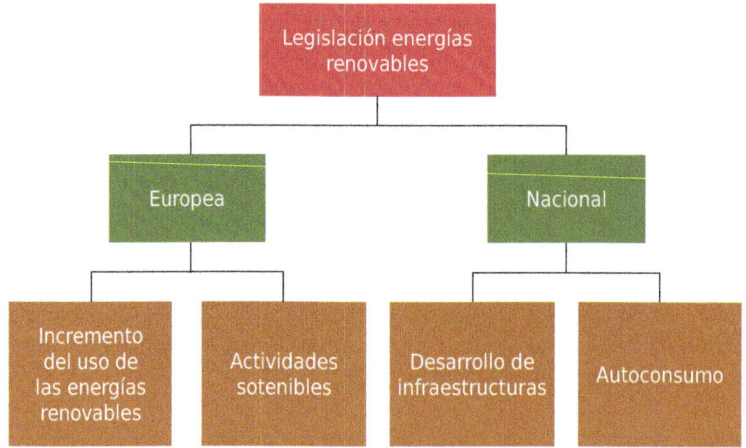

Por otro lado, la normativa incluye disposiciones relacionadas con la protección del medioambiente, asegurando que las actividades energéticas no afecten negativamente a los ecosistemas. Esto implica cumplir con regulaciones sobre gestión de residuos y control de contaminación, además de avanzar hacia un sistema energético económicamente sostenible que garantice la rentabilidad de las inversiones en el sector.

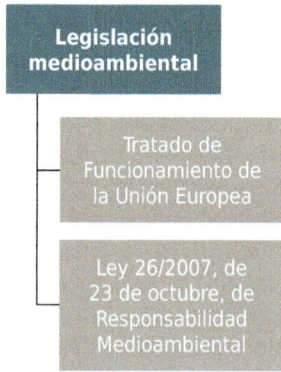

Ejercicios de autoevaluación
Unidad de Aprendizaje 4

1. Determina si la siguiente afirmación es verdadera o falsa: "La Directiva (UE) 2023/2413 complementa y actualiza normativas previas, como la Directiva RED II (2018/2001)".

   ■ Verdadero
   ■ Falso

2. ¿Cuál es el Reglamento Taxonomía de la UE?

   a. El Reglamento (UE) 2020/852 del Parlamento Europeo y del Consejo.
   b. El Reglamento (UE) 2023/2413 del Parlamento Europeo y del Consejo.
   c. El Reglamento (UE) 2023/1804 del Parlamento Europeo y del Consejo.
   d. El Reglamento (UE) 2014/94 del Parlamento Europeo y del Consejo.

3. Determina si la siguiente afirmación es verdadera o falsa: "El Reglamento (UE) 2023/1804 tiene como uno de sus objetivos principales reducir las emisiones de gases de efecto invernadero".

   ■ Verdadero
   ■ Falso

4. Relaciona los siguientes conceptos:

   a. Incremento del objetivo de energía renovable para 2030.
   b. Reglamento (UE) 2020/852 del Parlamento Europeo y del Consejo.
   c. Fondos del Plan de Recuperación, Transformación y Resiliencia (PRTR).
   d. Garantizar la sostenibilidad financiera del sistema eléctrico.

   __ *Greenwashing.*
   __ Directiva (UE) 2023/2413 del Parlamento Europeo y del Consejo.

_ Real Decreto 413/2014, de 6 de junio.
_ Real Decreto Ley 29/2021, de 21 de diciembre.

5. ¿Cuál es una de las principales normas en materia medioambiental en España?

   a. La Ley 26/2007 de Responsabilidad Medioambiental.
   b. La Ley 31/1995 de Prevención de Riesgos Laborales.
   c. El Real Decreto 1215/1997, sobre disposiciones mínimas en materia medioambiental, seguridad y salud.
   d. El Reglamento (UE) 2023/1804 de Responsabilidad Medioambiental.

Glosario

Agricultura sostenible
Práctica agrícola que busca satisfacer las necesidades actuales sin comprometer las futuras capacidades de generación de recursos.

Auditoría energética
Evaluación del consumo de energía de una instalación o proceso, con el fin de identificar oportunidades de ahorro y mejora de la eficiencia.

Autoconsumo
Práctica de generar y utilizar la propia energía, reduciendo la dependencia de redes eléctricas externas.

Baterías de almacenamiento
Dispositivos que almacenan energía eléctrica para su uso posterior. En el contexto de la energía renovable, permiten almacenar el exceso de energía generada en momentos de alta producción para su uso durante la noche o en períodos de baja producción.

Biocombustibles
Combustibles producidos a partir de materia orgánica que pueden sustituir a los combustibles fósiles en diversas aplicaciones.

Biogás
Gas producido a partir de la descomposición anaeróbica de materia orgánica, que puede utilizarse como fuente de energía.

Cambio climático
Variaciones significativas en las condiciones climáticas de la Tierra, frecuentemente relacionadas con el aumento de gases de efecto invernadero.

Cogeneración
Producción simultánea de energía eléctrica y térmica a partir de una misma fuente de energía.

Combustibles fósiles
Recursos energéticos como el petróleo, el carbón y el gas natural, formados por la descomposición de materia orgánica a lo largo de millones de años.

Comunidad energética
Agrupaciones de individuos o empresas que se unen para gestionar la producción y el consumo de energía a nivel local.

Crisis ambiental
Situación crítica provocada por la acumulación de problemas ecológicos que amenazan la salud del planeta.

Degradación ambiental
Deterioro de las condiciones ambientales debido a actividades humanas como la contaminación, la deforestación y el uso insostenible de los recursos naturales, que impacta negativamente en la biodiversidad y los ecosistemas.

Dependencia energética
Situación en la que un país, sector o individuo depende significativamente de fuentes externas de energía, generalmente combustibles fósiles, para satisfacer sus necesidades energéticas, lo que puede implicar vulnerabilidades económicas y políticas ante fluctuaciones de precios y suministro.

Desarrollo sostenible
Modelo de desarrollo que busca satisfacer las necesidades del presente sin comprometer la capacidad de las futuras generaciones para satisfacer las suyas, integrando el crecimiento económico, la inclusión social y la protección del medioambiente.

Descarbonización
Proceso de reducir la cantidad de carbono liberada a la atmósfera, buscando un balance cero en las emisiones.

Digestión anaeróbica
Proceso biológico en el cual los microorganismos descomponen material orgánico en ausencia de oxígeno, produciendo biogás y subproductos como fertilizantes.

Eficiencia energética
Uso eficaz de la energía para obtener los mismos resultados, minimizando el consumo y las pérdidas.

Emisiones de carbono
Liberación a la atmósfera de dióxido de carbono (CO_2) y otros gases de efecto invernadero como resultado de actividades industriales.

Energías renovables
Fuentes de energía que se obtienen de recursos naturales capaces de regenerarse en un corto período de tiempo.

Estrategias de ahorro energético
Métodos diseñados para reducir el consumo de energía y fomentar la eficiencia en el uso de recursos.

Estrategias de mitigación
Acciones específicas dirigidas a reducir los efectos adversos del cambio climático mediante la implementación de tecnologías sostenibles.

Globalización del mercado energético
Proceso de creciente interconexión de los mercados energéticos a nivel mundial, facilitando el comercio internacional de combustibles y electricidad.

Huella de carbono
Medida del total de emisiones de gases de efecto invernadero producidas directa o indirectamente por un individuo, organización o producto.

Iniciativas pro energías renovables
Programas y políticas que fomentan el uso de fuentes de energía renovable a través de incentivos.

Innovación social
Nuevas estrategias y soluciones que buscan mejorar la cohesión social y el bienestar comunitario.

Innovación tecnológica
Proceso de desarrollar nuevas tecnologías o mejorar las existentes para optimizar el uso de recursos y energía.

Inseguridad energética
Falta de acceso a un suministro de energía confiable, asequible y sostenible por parte de la población.

Interdependencia energética
Relación entre países que dependen mutuamente de los recursos energéticos para mantener su economía.

Inversiones verdes
Capital destinado a proyectos y tecnologías que tienen un impacto positivo en el medioambiente.

Mercados energéticos
Espacios donde se compran y venden recursos energéticos, incluyendo electricidad, gas y combustibles.

Nuevas tecnologías
Se refiere a innovaciones recientes en el ámbito técnico y tecnológico que mejoran la eficiencia y la efectividad de procesos existentes. En el contexto energético, incluye desarrollos en energías renovables, almacenamiento de energía y sistemas de gestión energética que permiten un uso más sostenible de los recursos.

Pirólisis
Descomposición térmica de materiales orgánicos en ausencia de oxígeno, produciendo biocarbón, biogás y bioaceite, con aplicaciones en agricultura y energía.

Política Agraria Común (PAC)
Conjunto de políticas de la Unión Europea que buscan apoyar a los agricultores, fomentar una agricultura sostenible y preservar el medioambiente mediante subsidios y regulaciones.

Políticas públicas
Acciones y decisiones tomadas por el Gobierno que buscan abordar problemáticas sociales y ambientales.

Proyectos sostenibles
Iniciativas que buscan balances beneficiosos entre desarrollo económico, social y ambiental.

Recursos energéticos
Fuentes de energía que se pueden utilizar para generar electricidad, calor o combustible, incluyendo renovables y no renovables.

Redes inteligentes
Sistemas eléctricos que utilizan tecnología para gestionar el suministro eléctrico de manera integral y eficiente.

Sistema energético
Conjunto de estructuras y procesos utilizados para generar, distribuir y consumir energía en diversas formas.

Sistemas de climatización

Instalaciones que controlan y regulan la temperatura y la calidad del aire en un espacio determinado.

Sostenibilidad

Capacidad de satisfacer las necesidades presentes sin comprometer la capacidad de las futuras generaciones.

Transición energética

Proceso de cambio de un sistema energético basado en combustibles fósiles a uno más sostenible basado en energías renovables.

Turbina

Dispositivo mecánico que convierte la energía de un fluido en energía mecánica a través de la rotación.

Volatilidad de precios

Inestabilidad en el costo de los recursos energéticos que puede afectar la economía global.

Bibliografía

_____
Monografías

→ BENITO Perales, T.: *El universo de las energías renovables.* Barcelona: Marcombo, 2023.

> Libro en el que se describen los procedimientos fotovoltaicos y eólicos, los térmicos e hidráulicos en todas sus formas, así como la biomasa y los biocombustibles. Contiene diversos anexos con datos técnicos.

→ DELGADO Piqueras, F.: *El derecho de las energías renovables y el regadío.* Pamplona: Editorial Aranzadi, 2018.

> Un análisis exhaustivo de los problemas jurídicos relacionados con la integración de energías renovables en el sector agrícola. Incluye capítulos sobre energía eólica, fotovoltaica y biomasa, con especial atención al autoconsumo eléctrico y su marco regulatorio.

→ PÉREZ Granados, D.: *Energía eólica. Fundamentos, tecnologías y aplicaciones.* Barcelona: Marcombo, 2023.

> Manual en el que se exploran los aspectos técnicos y científicos necesarios para un funcionamiento eficiente de los aerogeneradores y sobre la influencia del viento y los factores que afectan a la producción de energía. Ofrece una guía para la instalación y puesta en marcha de parques eólicos, la integración de la energía eólica en la red eléctrica y la gestión eficiente de la energía generada.

→ VV. AA.: *Tecnologías para el uso y transformación de biomasa energética.* Madrid: Mundi-Prensa, 2025.

> Libro que aporta una visión comprensiva de los métodos de conversión de la biomasa de acuerdo con los materiales empleados, las transformaciones necesarias y los productos energéticos obtenidos.

Textos electrónicos

→ Ministerio para la Transición Ecológica y el Reto Demográfico (MITECO), de: <https://www.miteco.gob.es/es.html>.

> Página web del Ministerio para la Transición Ecológica y el Reto Demográfico (MITECO), en la que se puede encontrar información muy diversa relacionada con las energías renovables en general.

→ Ministerio de Agricultura, Pesca y Alimentación (MAPA), de: <https://www.mapa.gob.es/es/>.

> Página web del Ministerio de Agricultura, Pesca y Alimentación (MAPA), en la que se puede encontrar información relacionada con las energías renovables en el sector agrario.

Legislación

→ Directiva (UE) 2023/2413 del Parlamento Europeo y del Consejo

> Que modifica un reglamento y dos directivas anteriores, con el objetivo de fortalecer la promoción de la energía procedente de fuentes renovables en la Unión Europea. Esta directiva complementa y actualiza normativas previas como la Directiva RED II (2018/2001).

→ Directiva 2018/2001 (RED II)

> Mencionada como normativa previa complementada y actualizada por la Directiva (UE) 2023/2413.

→ Reglamento (UE) 2020/852 del Parlamento Europeo y del Consejo

> Relativo a la creación de instalaciones de energías renovables, que establece criterios específicos para determinar si las inversiones en energía renovable son realmente sostenibles. Es conocido como el Reglamento Taxonomía de la UE.

→ Reglamento (UE) 2023/1804 del Parlamento Europeo y del Consejo

> Que sustituye a la Directiva 2014/94/UE (DAFI) y establece un marco para acelerar el desarrollo de infraestructuras necesarias para apoyar la transición hacia un transporte sostenible en la Unión Europea.

→ Ley 26/2007, de 23 de octubre, de Responsabilidad Medioambiental

> Que transpone al Derecho español la Directiva 2004/35/CE del Parlamento Europeo y del Consejo, y hace referencia a la prevención y la reparación de daños medioambientales.

→ Ley 31/1995 de Prevención de Riesgos Laborales

Establece las obligaciones y las responsabilidades en materia de prevención tanto de empleadores como de trabajadores.

→ Real Decreto 413/2014, de 6 de junio, por el que se regula la actividad de producción de energía eléctrica a partir de fuentes de energía renovables, cogeneración y residuos

Por el que se regula la actividad de producción de energía eléctrica a partir de fuentes de energía renovables, cogeneración y residuos. Esta norma sustituye y actualiza los derogados Real Decreto 661/2007 y Real Decreto 1578/2008.

→ Real Decreto 486/1997, de 14 de abril, sobre lugares de trabajo

Por el que se establecen las disposiciones mínimas de seguridad y de salud aplicables a los lugares de trabajo.

→ Real Decreto 1215/1997, de 18 de julio, sobre disposiciones minimas de seguridad y salud para la utilización por los trabajadores de los equipos de trabajo

Por el que se establecen, en el marco de la Ley 31/1995, de 8 de noviembre, de Prevención de Riesgos Laborales, las disposiciones mínimas de seguridad y salud para la utilización de los equipos de trabajo empleados por los trabajadores en el trabajo.

→ Real Decreto-ley 29/2021, de 21 de diciembre, por el que se adoptan medidas urgentes en el ámbito energético para el fomento de la movilidad eléctrica, el autoconsumo y el despliegue de energías renovables

Por el que se adoptan medidas urgentes en el ámbito energético para el fomento de la movilidad eléctrica, el autoconsumo y el despliegue de energías renovables.